생각하는 힘은 유일한 무기가 된다

불확실한 세계에서 살아남기 위한 생각의 기술
생각하는 힘은 유일한 무기가 된다

초판 1쇄 발행 2019년 12월 17일
초판 3쇄 발행 2022년 12월 12일

지은이 야마구치 요헤이
옮긴이 구수진

펴낸이 이성용
책임편집 박의성 **책디자인** 책돼지

펴낸곳 빈티지하우스
주 소 서울시 마포구 성산로 154 407호
전 화 02-355-2696 **팩 스** 02-6442-2696
이메일 vintagehouse_book@naver.com
등 록 제 2017-000161호 (2017년 6월 15일)

ISBN 979-11-89249-25-0 13320

―――――――――――――――――――――――

Original Japanese title: 1 NICHI 3 JIKAN DAKE HATARAITE ODAYAKA NI KURASU TAME NO SHIKOUHOU
Copyright © 2019 Yohei Yamaguchi
Original Japanese edition published by President Inc.
Korean translation rights arranged with President Inc.
through The English Agency (Japan) Ltd. and Danny Hong Agency

이 책의 한국어판 저작권은 대니홍 에이전시를 통한 저작권사와의 독점 계약으로 빈티지하우스에 있습니다.
저작권법에 의해 한국 내에서 보호를 받는 저작물이므로 무단전재와 복제를 금합니다.

―――――――――――――――――――――――

- 이 책 내용의 전부 또는 일부를 사용하려면 반드시 저작권자와 빈티지하우스의 서면동의를 받아야 합니다.
- 빈티지하우스는 독자 여러분의 투고를 기다리고 있습니다.
  책으로 펴내고 싶은 원고나 제안을 이메일(vintagehouse_book@naver.com)으로 보내주세요.
- 파손된 책은 구입하신 서점에서 교환해 드리며 책값은 뒤표지에 있습니다.

생각하는 힘은 유일한 무기가 된다

불확실한 세계에서
살아남기 위한 _____ 생각의 기술

야마구치 요헤이 지음
구수진 옮김

들어가며

책을 손에서 놓은 지 오래되었다.

인터넷에는 각종 정보가 범람하고 업무나 가사에 쫓기다 보면 좀처럼 책 읽을 시간이 나질 않는다. 책을 읽는 데 필요한 집중력도 점점 떨어지고 있다.

책은 읽고 싶지만 읽을 수가 없다고 말하는 사람이 늘고 있다. 그러니까 이 책을 집어 든 사람은 진정으로 독서를 좋아하는 사람일 것이다.

책의 역할도 변하고 있다. 정보나 지식 같은 콘텐츠를 전하는 역할은 이미 인터넷으로 옮겨갔다. 책은 내용을 전달하는 미디어가 아니라 책을 읽는 프로세스를 통해 문장의 리듬이나 조화를 즐기는 '예술'이 되어가고 있다. 마치 사진이 발명되면서 모네나 피카소 같은 화가들이 대상을 사실적으로 묘사하지 않고 심상에 떠오르는 이미지를 표현하기 시작한 것처럼 말이다.

이 책의 목적은 '생각하다'라는 행위를 새롭게 정의하고 그것을 전달하는 것이다. 최근 AI나 로봇 산업의 융성 그리고 일의 생산성을 높이려는 흐름에 따라 인간에게 부여된 최고의 무기인 '생각하는 힘'을 기르려는 움직임이 커지고 있다.

당신도 직장에서 '생각하라'는 압박을 상사에게 받은 경험이 있을 것이다. 하지만 실제로 '생각한다는 것은 무엇인가?'에 대해서는 제대로 알고 있는 사람도 극히 드문 데 그것을 한마디로 설명하는 것은 더욱 어려운 일이다.

따라서 이 책에서는 생각한다는 것이 무엇인지를 '느낄 수 있도록' 썼다. 이 책은 읽는 책이라기보다는 '온몸으로 느끼는' 책이다. 책장을 넘기다 보면 **당신은 어느새 자신이 떠안고 있던 문제가 자연스럽게 해결되어 가는 것을 실감하게 될 것이다.**

아인슈타인은 "우리가 직면한 중요한 문제는 그 문제가 발생했을 때와 같은 생각의 레벨로는 해결할 수 없다"라고 말했다. 가령 돈이나 연애 문제는 그 자체에 대해 고민한다고 해서 해결되지 않는다. 그보다 한 단계 높은 차원, 즉 인생이라는 관점에서 돈이나 연애를 다시 돌아봤을 때 무언가 깨달음을 얻게 된다.

생각하는 일을 취미 활동쯤으로 여기는 사람도 있다. 하지만 자신의 힘으로 생각할 수 있게 되면 고민이나 불안이 사라진다. 사회의 동조압력이나 주변에 휘둘리지 않게 되고(특히 투자나 창업 등 사람들과 반대되는 것을 할 때 도움이 된다), 일에서도 성과를 올리기 쉬워진다.

무엇보다 100개의 업무 가운데 꼭 처리해야 할 중요한 일이 무엇인지 가려낼 수 있게 된다. 본질을 꿰뚫는 작업은 쉬운 일이 아니지만, 가장 가성비가 높은 방법이다. 나는 하루 업무 시간을 3시간으로 제한해두었지만, 10년 전과 비교해서 3배 높은 성과를 올리고 있다.

나는 스스로 머리가 좋은 사람이라고 생각하지 않는다. 두뇌 회전이 좋다고도 말할 수 없다. 다만 사물을 전체적으로 파악하여 복잡하게 얽혀 있는 정보를 정리하고 유기적인 시스템으로 재구축하는 기술에는 다소 밝은 편이라고 생각한다. 그래서 이 책을 썼다.

이 책의 역할은 생각을 잘하는 기술을 전수하는 것이 아니라 읽는 프로세스를 통해 독자의 의식을 상하좌우, 다양한 방향으로 이끄는 것에 있다. 이 책을 통해 독자 스스로 자신의 문제를 해결 가능한 과제로 이끌어 낼 수 있기를 바란다.

야마구치 요헤이

목차

들어가며 004

1장
생각하는 힘은 AI를 이기는 무기가 된다

생각하는 힘은 정보를 뛰어넘는다 · 012
'똑똑하다'의 정의가 변하고 있다 | 현대사회에서 가장 똑똑한 사람은 예능인이다 |
발명가가 일보다 중요하게 여기는 것 | 지식은 비용을 절감한다 |
정보량이 늘어나면 인간은 생각을 멈춘다 |
'정보 디톡스'를 통해 강제적으로 생각하는 시간을 만든다

생각하는 힘이란 무엇인가? · 023
생각하는 힘을 단련해야 평생 먹고살 수 있다 |
생각하는 사람일수록 로직트리를 사용하지 않는다 | '생각하는 힘'의 최종 목적은?

왜 생각하는가? · 030
돈을 잘 버는 사람이 실행하고 있는 '단 한 가지' 행위 |
생각하는 힘이야말로 가장 강력한 기술이다 | 생각하는 힘은 가장 가성비가 높은 행위다 |
생각하는 행위로 로봇과 AI를 넘어선다 | 생각하는 활동으로 고정관념에서 벗어난다 |
전제를 의심하고 그것을 생각하는 일

생각하는 힘의 진짜 목적은 무엇인가? ······················· 048
'일 잘하는 사람'은 항상 대안을 준비한다 |
진정한 지성이란 '얽매이지 않는 마음'을 갖는 능력 |
실현 가능한 구체안을 이끌어내는 것에 생각하는 힘의 의미가 있다 | 전체상을 파악한다 |
똑똑한 사람은 단어를 외우지 않는다 | 본질을 꿰뚫는다 | 표면적 문제는 문제가 아니다

2장
단기간에 성과를 내는 생각하는 힘

매일매일 어떻게 생각해야 좋을까? ······················· 068
생각하는 힘을 단련하는 '3가지 사이클' | 지식은 선택지를 늘려 자유를 부여한다 |
독서는 효율적으로 지식을 얻는 최고의 방법 | 똑똑해지고 싶다면 오일을 바꾸자 |
머리를 맑게 하는 환경을 만든다 | 업무상 판단의 질을 높이는 간단한 방법은? |
본질에 도달하기 위해서는 '통찰력'이 필수

사물을 생각할 때 도움이 되는 4가지 툴 ······················· 082
'MECE'로 사물을 정리한다 | '이항대립'으로 사물을 올바르게 구분한다 |
'로직트리'로 사물을 분해·정리한다 | '인과관계 맵'으로 사물의 관계를 생각한다

미래를 내다보는 생각하는 힘의 철학 ······················· 095
모든 것은 분리된 것처럼 보이지만 이어져 있다 | 최종적으로 생각을 멈춰본다

3장
2020년 이후 세계에서 살아남기 위한
방법을 생각한다

2020년 이후의 세계 · 102
2020년 이후 세계는 이렇게 된다

돈은 앞으로 어떻게 변화할까? · 108
돈은 신용으로 회귀한다 | '돈'보다 '신용'을 쌓는다 | 랭킹사회에서 인간의 시가총액이 결정된다 |
'인연'은 '돈'보다 질기다 | 돈을 버는 5가지 흐름 | '욕심이 없는 사람'일수록 신용을 얻는다 |
이기심을 줄이면 가치를 만들어낼 수 있다 | 시간의 가치는 점점 커진다 |
건강이야말로 시간을 만들어내는 자원이다 | 돈이 관련되면 '연결고리'가 사라진다

경제에 돈은 필요한가? : 비화폐경제의 출현 · 128
돈으로 살 수 없는 것·만들 수 없는 것을 시간이 메운다 |
개인에게 귀속되는 숫자는 시간밖에 없다 | 모두에게 공평한 시간 통화 |
시간 통화는 연결고리와 이야기를 보전한다 | 시간 통화의 미래 | 기장주의 경제 | 신용주의 경제

사회는 융해되어 멀티 커뮤니티의 시대로 · 142
마이너리티가 활약하는 시대 | 멀티 커뮤니티, 수직사회에서 수평사회로 |
수평사회의 룰과 삶의 방식 : 돈은 통용되지 않는다 | 다층적인 커뮤니티의 개막 |
커뮤니티의 창업 멤버가 된다 | 커뮤니티에서는 사회성이 필수다 |
전략적으로 인격을 구분하여 사용한다 | 도시를 떠나 지방으로 간다 |
시간에 여유가 있다면 자원봉사를 | 커뮤니티와 경제의 관계 : 경제의 중심은 관계로

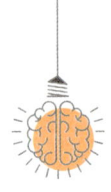

2020년 이후, '일'은 이렇게 변한다 · 164
일은 노동에서 '공헌'으로 | 종적·횡적 연결고리를 만든다 | 마스터·멘토를 둔다 |
순수함을 기른다 | 지방과 해외로 활로를 모색한다 | 정직원은 리스크일 뿐 |
회사를 키우는 힘, 오퍼레이션과 이노베이션 | 커리어의 8가지 롤모델

미래의 산업은 로보틱스에 주력한다 · 186
미세조정 문화와 로보틱스 | 인생의 목적을 생존에서 창조로 변화시킨다

개인에서 '관계'로의 시프트 · 192
개인과 개성은 분리된다 | 개성과 사회성의 교점을 찾는다 |
행복의 절반은 천재성을 깨닫고 있는가로 결정된다 | 젊었을 때 다양한 경험을 한다 |
천재성은 디테일에 숨어 있다 | 모든 분야에서 '미세 성장'을 즐긴다 |
천재성의 근거가 되는 4가지 영역 | 나는 무엇인가? : 개인은 주역이 아니다 |
개체에서 생명으로

마치며 215

1장
생각하는 힘은 AI를 이기는 무기가 된다

생각하는 힘은
정보를 뛰어넘는다

'어째서 고층빌딩의 외벽은 유리로 되어 있을까?'

소박한 의문이지만 그 이유를 알고 있는 사람은 의외로 많지 않다. 디자인적인 이유일까? 단순히 관리하기 편해서일까? 둘 다 오답은 아니지만 진짜 이유는 무척이나 단순하다. 고층빌딩 전체를 경량화함으로써 건설 비용을 낮출 수 있기 때문이다.

콘크리트로 건설하면 고층빌딩 전체가 무거워지고, 그 하중을 지지하기 위해서는 막대한 비용이 든다. 반면 유리를 사용하면 고층빌딩을 좀 더 가볍게 만들 수 있다.

도시에 사는 사람은 이 소박한 의문에 답하지 못할 것이다. 고층빌딩 자체가 일상적인 풍경 속에 녹아 있어 의문조차 들지 않기 때문이다.

하지만 지방에서 도시로 놀러 온 아이들이 고층빌딩을 본다면, '왜 모든 고층빌딩이 유리로 되어 있을까?' 하고 의아해할 것이다. 그러고는 스마트폰을 열어 답을 찾는다. 검색만 하면 쉽게 답을 얻을 수 있는 세상이다.

지방에 사는 사람이 도시의 풍경에 관심을 기울이듯, 대상과 거리를 두는 것은 매우 가치 있는 행동이다. 하지만 우리는 코앞에 닥친 업무와 바쁜 일상에 쫓겨 시간을 허비하고 정작 해결해야 할 문제를 인지조차 하지 못한다.

우리 사회의 문제는 출산율 저하도 고령화도 아닌, 우리와 같은 현역 세대가 반드시 가져야 할 올바른 문제제기 능력이 저하되었다는 점에 있다.

'답을 구하는 것'이 20세기의 교육이었다면 **21세기의 교육은 '문제를 제기하는 것'**이다. 따라서 우리는 한발 떨어져서 다른 시점으로 생각해야 한다.

구글은 언제나 답을 알려주지만, 문제를 알려주지는 않기 때문이다.

'똑똑하다'의 정의가 변하고 있다

'똑똑한 사람'이라 하면 당신은 어떤 사람을 떠올리는가.

20세기의 똑똑한 사람은 고학력에 지식이 풍부한 사람이었다. 컴퓨터에 비유하자면 하드디스크 용량이 큰 사람이다.

그러나 몇만 원이면 1테라바이트 하드디스크를 살 수 있는 요즘, 지식이나 정보의 양에는 더 이상 가치가 없다. 오히려 과거의 추억이나 쓸모없는 정보가 가득 차 있는 하드디스크는 미련 없이 처분해야 할 필요가 있다.

21세기로 접어들면서 '똑똑함'의 정의가 변하고 있다. 사고력과 상상력이 중요해지고, 정보나 지식 등의 하드디스크는 그 빛을 잃어간다.

한때 시청자 참여 퀴즈 방송이 인기를 끌며 지식이 풍부한 사람이 명성을 얻기도 했지만, 앞으로는 정보량보다 언제든 구글에서 답을 찾아낼 수 있는 '어렴풋한 기억력'이 중요해진다. 단기기억력보다는 오히려 타인에게 무엇이든 물어볼 수 있는 '사교력'이 더 필요한 시대다.

사고력·상상력은 '문제를 제기하는 능력'이나 '연결고리를 찾아내는 능력', '대상을 이미지화하는 능력', '스토리텔링 능력' 등 폭넓은 능력을 키우는 데에도 도움이 된다(도표 01).

도표 01   21세기의 '똑똑함'

- 요구되는 능력은 메모리나 하드디스크의 용량에서 '사고력·상상력'으로 전환된다
- 길러야 하는 것은 '사교력'이나 '어렴풋한 기억력'이다

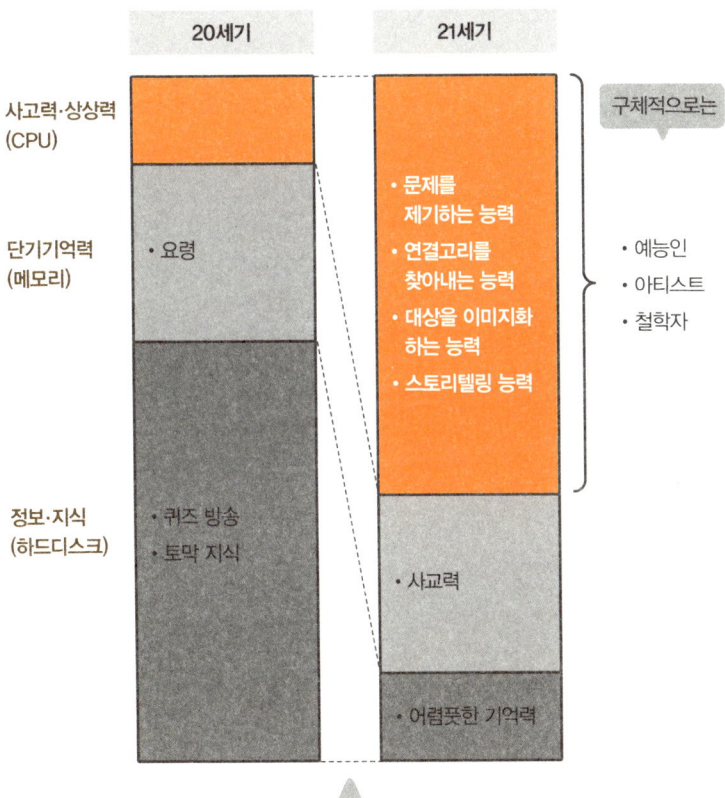

현대사회에서 가장 똑똑한 사람은 예능인이다

그런 관점에서 볼 때 현대사회에서 가장 똑똑한 사람이 대학교수, 정치인, 고위공직자, 대기업 임원이나 벤처사업가라고는 말할 수 없다. 분명 그들은 지적일지 모르지만 정말 똑똑한(스트리트 스마트) 사람은 '예능인'이다.

대부분의 예능인은 학력을 따지지 않기 때문에 지식이나 정보의 양이 적을지 몰라도, 적은 정보를 조합하여 본질을 찾아내고 이야기로써 전달하고 받아들여지는(웃게 하는) 일체의 사고가 가능하다.

많은 예능인들이 코미디·MC·각본·스토리작가·영화감독·배우 같은 다양한 분야에서 활동 중이다. 그들의 지성은 도표1에서 언급한 '연결고리를 찾아내는 능력'이자 '대상을 이미지화하는 능력', 게다가 '스토리텔링 능력'과 합치한다.

5만 명에 달하는 예능인과 예능인 지망생 가운데 1000만 분의 1에 해당하는 50명 정도가 텔레비전에서 활약하는 현상을 보면 그들의 특출함을 짐작할 수 있다.

발명가가 일보다 중요하게 여기는 것

20세기까지 하드디스크(정보·지식)가 주체가 되는 시대였다면 21세기는

CPU(사고력·상상력)가 주체가 되는 시대다.

앞으로의 시대에는 하드디스크에서 답을 꺼내오지 않는다. 문제 자체를 되물을 필요가 있기 때문이다. 문제를 되묻는 것은 쉬운 일이 아니다. 끊임없이 생각해야 하는 데다가 흐름을 거스르는 일이기도 하므로 힘든 작업이라고 할 수 있다.

여기서 포드의 창업자 헨리 포드의 일화를 소개한다.

어느 날 지식인이라 불리는 사람들이 포드를 방문했다. 헨리 포드는 차분하게 "여러분, 어떤 질문이라도 좋습니다. 모두 답변해드리겠습니다"라고 말했다.

초등교육만 받은 헨리 포드의 무지함을 놀려줄 요량으로 지식인들은 하나둘씩 질문을 쏟아내기 시작했다. 그러자 헨리 포드는 천천히 전화기를 들어 부하직원을 불렀다. 부하에게 질문에 대한 답을 하도록 지시하고는 이렇게 말했다.

"저는 문제가 발생했을 때 저보다 똑똑한 사람을 고용하여 답을 찾습니다. 그렇게 하면 제 머릿속을 맑은 상태로 유지할 수 있기 때문이죠. 저는 더욱 중요한 일에 시간을 할애합니다. 예를 들면 '생각'이라는 행위에 말이죠."

헨리 포드의 일화는 **생각하는 행위는 매우 어려운 일이며 그것을 하려는 사람이 많지 않다**는 점을 보여준다.

과감하게 상식에 도전하여 발명과 발견을 해내는 인물들의 공통점은 '생각하는 힘'에 있지 결코 지식이나 정보량이 많아서가 아니다.

지식은 비용을 절감한다

20세기에 돈을 벌어들이는 것은 지식이었다. 이를 지적한 대표적인 인물이 경영학자인 피터 드러커다. 반면 21세기에는 지식이 돈이 되지 않는다. 지식은 누구나 얻을 수 있다. 돈이 되는 것은 사회적 관계(신용)다.

다만 **21세기에 지식은 다양한 비용을 절감하는 데 쓰인다.** 건강에 관한 지식은 치료비와 보험료를, 정확한 지식과 정보는 구매 비용을 낮춘다.

언젠가 양복을 새로 맞추려고 했을 때의 일이다. 패션에 문외한인 나는 주위에 조언을 구했고, 최근 이탈리아 명품 브랜드인 에르메네질도 제냐가 인기라는 이야기를 들었다. 백화점에 가서 가격표를 보니 다른 양복보다 0 하나가 더 붙어 있었다.

옷차림은 신뢰도와 직결되기 때문에 타협할 수는 없지만, 아무래도 500만 원은 예산을 뛰어넘는 금액이었다. 나는 양복에 관한 정보를 구글에서 검색해보았다.

양복은 기본적으로 디자인과 원단, 봉제의 조합이며 이탈리아 브랜드라도 봉제는 대부분 동유럽에서 이루어지고 있었다. 그렇다면 기성품을 그대로 사지 않고 개별적으로 입수하여 조합하는 편이 저렴할 것 같다는 생각이 들었다.

나는 시내에 있는 한 오더 메이드 매장으로 향했다. 점원에게 물어보니 제냐의 디자인도 가능하고 제냐의 원단(제냐는 원래 원단을 만드는 회사다)도 주문할 수 있다고 했다.

그리하여 나는 제냐에서 사는 것과 다름없는 양복을 반값에 구입할 수 있었다. 차이점은 봉제와 브랜드 라벨이었지만 정말로 라벨이 필요한 사람이라면 어딘가의 인터넷 사이트에서 조달할 수 있을 것이다.

약간의 지식과 생각하는 행위(양복 구매에 필요한 과정을 분해하여 개별적으로 발주한다)만으로 500만 원짜리 브랜드 의류를 250만 원에 살 수 있었다.

현대사회에서는 개별적인 조각 지식과 그것을 조합하는 방법만 알아둔다면 집, 가구, 차, 회사의 경영자원 등 다양한 고가의 제품을 제값에 살 필요가 없어진다.

21세기에 지식은 돈이 되지는 않지만, 비용을 절감해준다.

정보량이 늘어나면 인간은 생각을 멈춘다

정보를 경시하는 것이 아니다. 하지만 '사고>정보'를 젊은 시절부터 실천해온 나의 경험으로 볼 때 사고는 정보를 뛰어넘는다. 정보는 어디까지나 사고를 위한 '윤활유'다. 정보는 사고의 소재일 뿐 목적이 아니다.

세상은 초정보화사회라고 불리고 있지만, **정보량이 늘어날수록 인간은 생각을 하지 않게 된다.** 나는 이것을 '사고와 정보의 패러독스'라고 부른다(도표 02).

생각하는 힘을 단련하기 위해서는 정보를 줄이고 사고의 비율을 늘려야 한다. 살을 빼고 싶으면 웨이트트레이닝(사고)을 하기 전에 탄수화물(정보)을 줄이라고 하는 것과 같다.

뒤에서 자세히 설명하겠지만, 생각의 정체는 '의식을 자유롭게 움직이는 것'이다. 인간의 의식은 유한한데, 무턱대고 정보를 받아들이게 되면 의식은 그 정보와 결합해버린다. 이것이 바로 '고정관념'이다.

정보는 의식을 스펀지처럼 빨아들이는 '독'이기도 하다. **독이 되는 정보에 의식이 갇히면 머리가 딱딱하게 굳어버린다.**

똑똑한 사람이란 머리가 유연한 사람, 즉 의식이 자유로운 상태인 사람을 말한다. 의식이 정보에 얽매여 있지 않고 중립 상태이므로 전제를 의심하고 문제를 제기할 수 있다.

도표 02 사고와 정보의 패러독스

- 정보가 늘어날수록 사람은 생각하지 않는다
- 정보 유입은 제한하고 '사고량＞정보량'을 의식하는 것이 중요하다

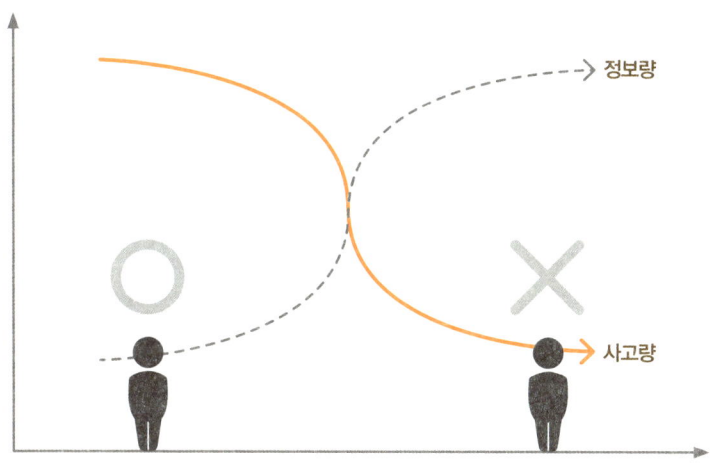

정보량이 늘어날수록 인간은 '사고'하지 않게 된다

출처: 사이토 요시노리 저, 맥킨지식 사고와 기술

'정보 디톡스'를 통해 강제적으로 생각하는 시간을 만든다

이런 이유로 나는 스물두 살 즈음부터 신문을 읽지 않고 있다. 물론 필요한 정보가 있으면 그에 적합한 사람에게 묻거나 신문의 데이터베이스 검색을 통해 정보를 얻는다. 최신 정보도 입수한다.

하지만 요즘 신문 기사는 이슈를 제대로 짚어내지 못하는 데다가 사실인지 여부도 알 수 없는 경우가 많다. 화학조미료가 듬뿍 들어간, 건강에 좋지 않은 식자재를 매일같이 운반하는 트럭 같은 존재로 전락한 신문은 생각하는 활동을 방해한다.

만약 정보의 홍수에서 벗어나고 싶다면 **일정 기간 정보를 차단**하면 된다. 나는 이것을 '정보 디톡스'라고 부른다. 언어가 통하지 않는 외국에 나가거나, 인터넷이 되지 않는 산속 사찰에 들어가는 것도 방법이 될 수 있다. 항상 정보 유입량을 의식하고 '사고량 > 정보량'인 상태를 유지하는 것이 중요하다.

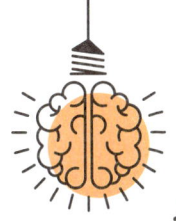

생각하는 힘이란 무엇인가?

생각하는 힘을 단련해야 평생 먹고살 수 있다

질문을 던져야 할 때가 왔다. AI의 시대에 우리 인간은 무엇을 해야 하는가? 인간의 본원적인 가치는 어디에 있는가?

어떤 사람은 원시적 생활을 동경하고 어떤 사람은 시스템과 테크놀로지에 편승한다. 어떤 사람은 깨달음이나 종교의 길을 걷는다. 그런 가운데 나는 생각하는 것을 생업의 중심에 두고 있는 사람을 '브레인 애슬리트'라고 부른다.

다이어트나 웨이트트레이닝 붐이 일고 있는 요즘 '생각하는 힘'을 단련하는 사람도 같이 늘고 있다. 아침 일찍 요가나 러닝으로 신체를 단련하는 30대 비즈니스 종사자와 같다고 볼 수 있다.

브레인 애슬리트는 운동선수만큼이나 절제된 생활을 한다.

의식이 불필요한 정보에 휩쓸리지 않도록 집 안과 생활을 심플하게 하고 신문이나 텔레비전 등을 보지 않는다. 두뇌 회전을 유지하기 위한 식사(특히 요리에 사용하는 오일에 신경을 쓴다), 의식에 흡착되기 일쑤인 불필요한 정보를 떼어놓기 위한 호흡과 요가 등을 수련한다.

의식을 편견이나 고정관념과 떨어뜨리기 위해서는 웨이트트레이닝처럼 연습이 필요한 것이다.

결코 쉬운 길도 아니고 이 시대에 살아남기 위한 최적의 답이라고는 말할 수 없지만, '생각하는 힘'은 하나의 유력한 해답이 되지 않을까. **생각하는 힘을 단련하는 것은 평생 먹고살 수 있는 힘을 기르는 것만큼 중요하다**고 나는 믿고 있다.

생각하는 사람일수록 로직트리를 사용하지 않는다

올림픽 종목이 100개가 넘는 것처럼 브레인 애슬리트의 세계에도 다양한 종목이 존재한다. 학술연구의 세계에서 분투하는 사람이 있는가 하면 상위 2%의 IQ를 가진 사람(그 단체를 멘사라고 부른다), 가능한 언어의 수를 늘리는 사람도 있고 기억력을 경쟁하는 사람도 있다.

브레인 애슬리트로서 나의 종목은 '메타 사고'이다. 단적으로 말하자면 추상과 구체의 '거리'를 경쟁하는 것이다. 운동경기에 비유하자면 높이뛰기와 비슷하다(메타 사고에 관해서는 뒤에서 자세히 설명한다).

세상에는 사고법에 관한 책이 많이 나와 있지만 대부분 '생각을 유도하는 단어의 사용법'을 설명하고 있다. 예를 들어 로지컬 씽킹, 혹은 why?(왜?), so what?(그래서 어떻게 된 것인가?)을 생각해보라는 것이다.

사고하는 데 있어서 이러한 툴이나 단어는 '보조 바퀴' 역할을 한다. 따라서 좀 더 깊은 뜻이나 개념을 발견하는 계기가 되기도 한다.

하지만 그것은 생각하는 행위의 본질이 아니며 사고력을 직접적으로 설명하는 것도 아니다. 나는 생각할 때 로직트리 같은 보조 수단을 거의 사용하지 않는다. 다만 사고 트레이닝에는 도움이 되므로 2장에서 소개하기로 한다.

'생각하는 힘'의 최종 목적은?

'생각하다'의 진정한 의미는 무엇일까?

정의해보자면 '**생각한다는 것은 개념의 바다에 의식을 띄우고 정보와 지식을 분리·결합해 정리하는 행위**'를 말한다. 즉, '의식적인 행위'다.

일반적으로 생각할 때 머리를 쓴다고 생각하기 쉽지만, 사실은 의식을 사용한다. 생각하는 것은 의식을 사용하여 정보를 정리하는 것이다. 이것이 브레인 애슬리트의 출발점이다. '**의식을 자유롭게 컨트롤하는 것**' **이야말로 우리의 최종 목적지다.**

지금 당장은 이해하기 어려울 수도 있지만, 차차 이해가 될 것이다.

선(禪)에 입문하는 과정을 설명하는 '십우도(十牛圖)'라는 그림이 있다(도표 04). 깨달음에 이르기까지의 과정이 열 장의 그림으로 표현되어 있는데, 자신의 소(牛), 즉 진정한 자신을 찾는 것에서부터 이야기는 시작된다.

이 그림은 마음속 깊은 곳을 들여다보며 자신의 본성을 발견하고 답을 얻는 방법을 이야기하고 있다. 기존의 문제해결 기법은 외부 세계를 어떻게 관찰할 것인가를 전제로 하지만, 십우도는 **자신의 내면(의식) 세계를 어떻게 컨트롤할 것인가에 초점을 맞추고 있다.**

내가 중요시하는 메타 사고도 그러한 흐름을 잇는다(도표 03).

메타 사고란 대상을 추상화하여 본질을 깨달은 후에 각론에 접근하는 사고법을 말한다. 가능한 한 사고의 폭을 넓혀서 인과·상하 관계를 정리함으로써 대상을 입체화한다. 최종적으로는 얼마나 본질을 결정화(結晶

도표 03   메타 사고

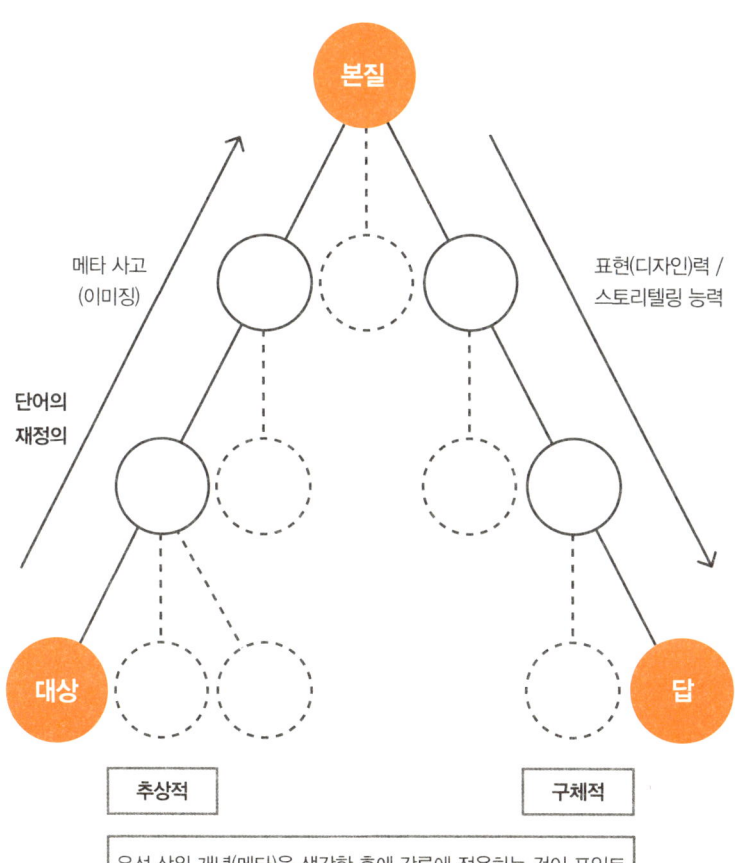

생각하는 힘이란 무엇인가?

도표 04 십우도

수렴사고

 ❶ **심우**(尋牛)
소를 찾아 떠난다

 ❷ **견적**(見跡)
소의 발자국을 발견한다

 ❸ **견우**(見牛)
소를 발견한다

 ❹ **득우**(得牛)
소를 붙잡는다

 ❺ **목우**(牧牛)
소를 길들인다

발산사고

 ❻ **기우귀가**(騎牛歸家)
소를 타고 집으로 돌아간다

 ❼ **망우존인**(忘牛存人)
소의 존재를 잊는다

 ❽ **인우구망**(人牛俱妄)
자신에 대해서도 잊는다

 ❾ **반본환원**(返本還源)
모든 것이 원점으로 돌아간다

 ❿ **입전수수**(立廛垂手)
거리로 나가 생활한다

化)할 수 있었는가가 관건이 된다.

　메타 사고는 추상과 구체의 거리, 공간축의 범위 그리고 정보와 지식의 결합 능력을 경쟁하는 하나의 종목이다.

　메타 사고에서 결정화란 단어의 재정의를 말한다. 단어를 재정의하여 대상의 본질을 끄집어낸다. 그것이 사고가(思考家)인 나의 일이며 이 책을 읽는 독자들이 목표로 하길 바라는 바다.

　나는 생각하는 것을 업으로 삼은 이래로 몇 가지 질문을 던져왔다. 투자란 무엇인가, 기업이란 무엇인가, 돈이란 무엇인가, 인간이란 무엇인가 같은 질문이다. 참고로 나는 그간 내가 내린 각 단어의 재정의와 그것이 담긴 책을 집필해왔다.

왜
생각하는가?

돈을 잘 버는 사람이 실행하고 있는 '단 한 가지' 행위

생각이라는 작업은 정보의 흐름을 거스르는 행위다.

언뜻 고된 일처럼 보임에도 불구하고 생각을 하는 이유는 무엇일까? **생각하는 것이 가장 효과적인 행위이기 때문이다. 모든 일을 대상으로 사용할 수 있는 가장 강력한 기술**이라고 말할 수 있다.

생각하는 것에 대해 본격적으로 관심을 갖기 전에 나는 많은 돈을 벌어들이는 사람이나 탁월한 성과를 내는 사람을 보며 '어떻게 그들은 저렇게 효율적으로 일을 할 수 있을까?'라는 의문을 품고 있었다. 그들이 빠르고 효율적으로 일을 처리하는 능력을 갖추고 있으리라 추측한 것이다.

하지만 결국 이러한 의문 자체가 잘못되었다는 것을 깨달았다. 그들은 결정적으로 중요한 단 한 가지 사안을 간파하고 그것을 확실하게 실행하고 있었다. 그들은 결코 '효율적'인 사람들이 아니었다. 매우 '효과적'인 방법을 알고 있을 뿐이었다.

많은 일을 처리하는 것이 아니라 **본질을 파악하여 단 한 가지 일만 처리하기 때문에 결과적으로 효율성을 높일 수 있었던 것이다.**

그들은 눈에 보이는 문제에 관심을 두지 않는다. 표면적인 문제에 일시적으로 대처해봐야 결국 같은 문제가 다시 발생한다는 것을 알고 있기 때문이다.

모든 문제의 뒷면에는 눈에 보이지 않는 본질이 존재한다. 그들은 그 본질을 찾아내는 것에만 시간을 쏟는다. 찬찬히 문제의 근원을 밝혀내면 문제의 뿌리를 단숨에 뽑아낼 수 있다. 100개의 작업을 하는 것이 아니라 **단 하나의 가장 중요한 요인(레버리지 포인트/핫 버튼)을 발견하여 그것에 주력하는 것이 그들의 방법이다**(도표 05).

한발 뒤로 물러나 대상을 바라보고 관계가 없어 보였던 것과의 인과관계(유기성)를 간파하여 본질을 파악하면 처리해야 할 일이 극적으로 줄어들어 효율적으로 성과를 올릴 수 있다.

도표 05 실패의 원인은 '두더지 잡기'에 있다

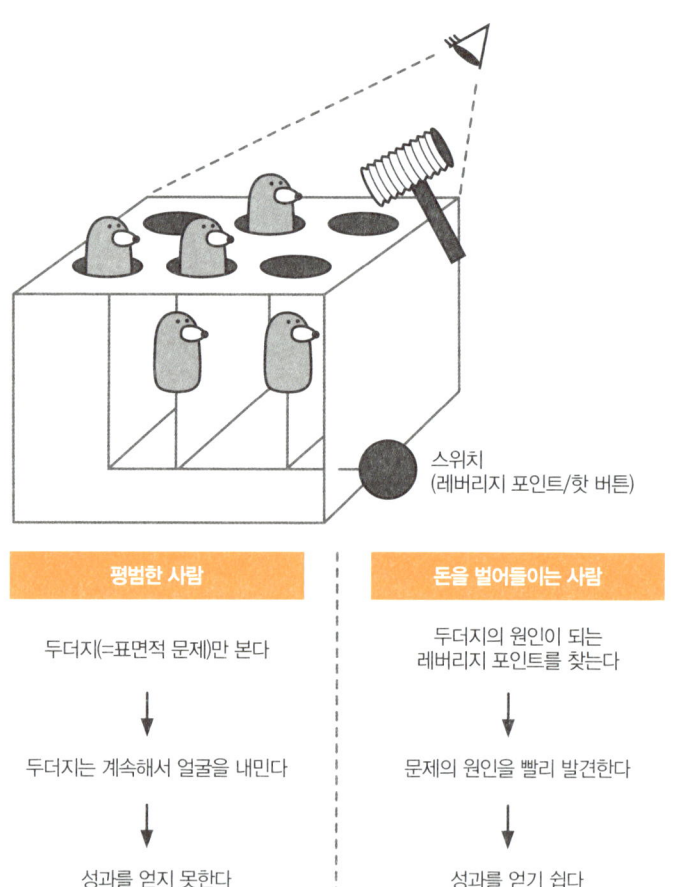

이것이 생각하는 행위의 가장 큰 메리트다.

생각하는 힘이야말로 가장 강력한 기술이다

사회인에게 요구되는 기술은 매우 다양하다(도표 06). 그중에서 '생각하는 힘'이 인간이 가진 가장 강력한 기술이라고 확신하게 된 것은 한 기업을 인수·합병하는 프로젝트에 참여하면서부터다.

나는 당시 M&A를 전문으로 하는 컨설턴트로 일하고 있었다. 어느 날 클라이언트인 투자은행의 대표가 컨설턴트들이 준비한 방대한 리포트를 앞에 두고 이렇게 말했다.

"우리가 원하는 것은 정보나 분석이 아닙니다. 이 회사의 가장 코어(본질적) 가치의 원천은 무엇인지, 그것이 알고 싶을 뿐입니다."

이 질문은 무척이나 심오하다. 회사에 관한 다양한 정보를 단순히 수집하고 분석해서는 답을 찾기 어렵다. 정보를 분리·결합해 결정적인 포인트를 통찰해야 한다. 또한 정보로써 언어화·수치화되기 전의 것, 즉 종업원의 표정이나 상사의 말버릇, 오피스 배치 같은 것에서부터 '개념 단계'의 요소를 지각하는 등 세심한 주의를 요하는 작업을 동반한다.

수천에 달하는 미세한 에너지를 유기·결합하면 회사 전체의 모습

도표 06 스킬업의 핵심은 사고

- 다양한 스킬이 존재하지만, 그 핵심은 사고다
- 그 외의 스킬을 객관적으로 바라보고 적절하게 활용하기 위해서 사고가 꼭 필요하다

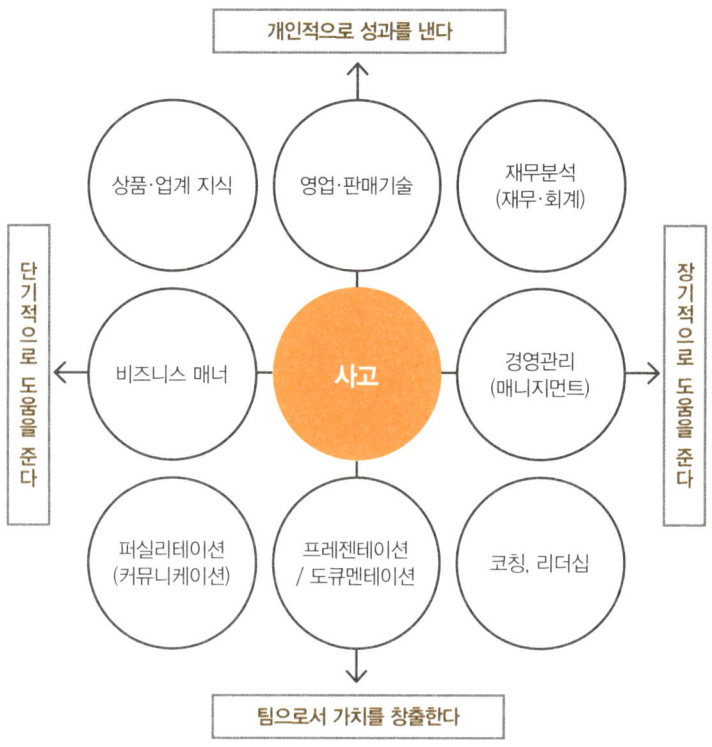

이 입체적으로 떠오르면서 그 회사의 가장 핵심적인 가치가 보이기 시작한다.

투자은행 대표의 말을 계기로 나는 '생각하는 힘'에 대해 깊이 생각하게 되었다. 그것은 내가 지금도 사고의 축에 두는 하나의 중요한 신념이 되었다.

즉, 모든 것은 분리된 것처럼 보이지만 사실은 유기적으로 연결되어 있다. 그리고 그 연결 속에 숨겨진 본질을 지속해서 되묻는 일이야말로 가장 유효한 답을 발견하는 방법이다.

효율적으로 무언가를 달성하고 싶다면 끊임없이 생각하고 가장 본질적인 것에만 집중해야 한다. 어려서부터 할머니께 '게으름뱅이'라고 불려 왔던 나에게 '가장 중요한 것 하나에만 집중하면 된다'라는 확신은 커다란 위안이 되었다.

생각하는 힘은 가장 가성비가 높은 행위다

나는 지혜와 지식으로 경쟁하는 컨설팅 세계에 매력을 느꼈다.

성숙기에 접어든 지금의 컨설팅업계는 업무 개혁이나 통계 해석 같은 기존의 프레임워크를 처리해내는 고급 인재 파견업쯤으로 여겨지곤 하지만, 당시 컨설턴트들은 0에서부터 '생각하는 힘'을 제공하고 있었다. 단 하나의 본질적인 답을 찾아내기 위한 '사고 장인'이었다.

효율은 그리 높지 않았지만, 그들에게는 프로페셔널로서의 규율과 긍지가 있었다. 기업 상장으로 돈을 벌겠다는 발상 같은 건 전혀 없었다.

프로페셔널이란 신에게 프로페스(선서)하는 직업으로, 클라이언트의 이해에 좌우되지 않고 적절한 '문제'를 제기하고 최고의 답을 추구한다.

클라이언트의 의향과 입장에 따라 매출이 오르내리는 데다가 클라이언트와의 지식의 차이를 이용하여 이익을 부풀리는 일도 가능하지만, 그런 일은 하지 않는다. 신이 지켜보고 있기 때문이다. 당시 컨설턴트는 그런 긍지가 있었다. 나는 그 점이 좋았다.

서른 전후로 회사를 벗어나 창업을 하고 사업매각을 경험한 뒤 40대가 된 지금의 나는 컨설턴트에 더해 투자가, 사업가, 저술가, 연구자, 교육자 등 다양한 얼굴을 갖게 되었다.

그 때문에 내가 분 단위로 바쁘게 일하고 있을 것이라고 생각하는 사람이 많지만 전혀 그렇지 않다. 오히려 그 반대다.

평소 나의 생활은 일상적인 생각을 하거나 잠을 자거나 누군가와 만나는 것이 전부다. 책을 많이 읽는 편도 아니고 텔레비전이나 신문도 보지 않는다. 그저 개념의 바다에 의식을 띄워놓고 의식이 건져낸 정보를 하나하나 유기화하는 작업을 한다. 그것이 수년에 걸쳐 발효되어 책이나 사업 같은 형태가 된다.

일하는 시간은 하루에 3시간으로 정해두었다. 그렇게 해도 매일 문제없이 생활하고 있는 것을 보면 **생각하는 것이 얼마나 가성비가 높은 행위인지** 알 수 있다.

생각하는 행위로 로봇과 AI를 넘어선다

'AI 시대에 생각하는 힘만으로는 부족하지 않을까'라며 AI를 위협으로 느끼는 사람도 있겠지만 전혀 문제가 되지 않는다.

AI는 계산은 가능하지만 사고하지 않는다.

사고란 의식적인 작업이며 의식은 차원을 넘어 표류한다. 아이디어를 떠올릴 때 인간은 다른 차원의 것들을 조합할 수 있다. 반면 AI는 동일한 차원에서 평면상의 계산을 방대하게 처리하지만 차원을 넘어서지는 못한다. 그 점이 결정적으로 인간과 AI의 다른 점이다.

AI는 효율화나 획일화처럼 20세기적인 과제에 강하다.

GDP가 지속적으로 성장하던 20세기에서의 문제해결은 간단했다. 바람직한 모습(To be)과 현상(As is)을 파악하여 그 갭을 문제로 인식하고 문제를 세밀한 요소로 분해함으로써 불필요함을 제거하여 조금씩 목표에 가까워지는 것이다.

이때 사용되는 방법으로 요소 환원(요소를 분해하는 방법)과 재구성 **(도표 07)**이 있다.

| 도표 07 | 문제해결의 '과거'와 '미래' |

	20세기
경제·사회 환경	• GDP는 지속적으로 성장 • 문제는 '매스(mass)적'인 것
문제	• 문제= 　To be(바람직한 모습)−As is(현상) • 문제해결=차이(갭)의 해소 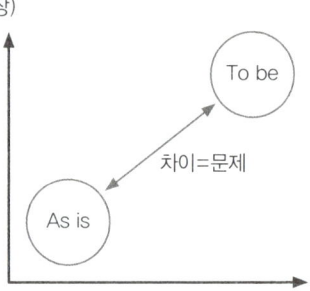
문제해결 방법	• 요소 환원과 재구성 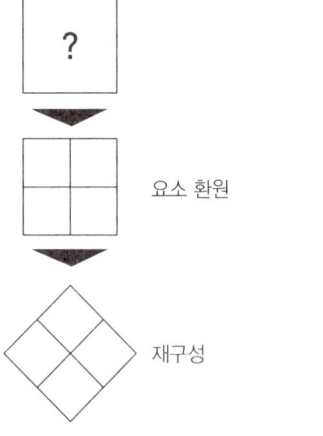

	21세기
경제·사회 환경	• 수치화가 가능한 경제는 성장하지 않는다 • 문제는 '개별적'인 것
문제	• 문제=대립(모순을 바라는 상태) • 문제해결=일차원을 뛰어넘는 조화 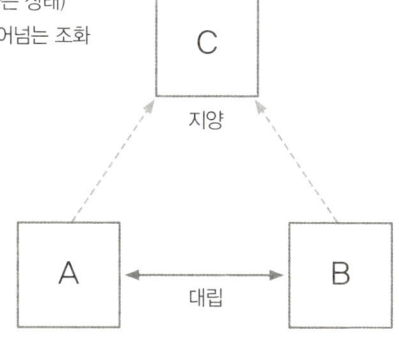
문제해결 방법	• 모순의 발견, 무언의 전제 발굴과 전환 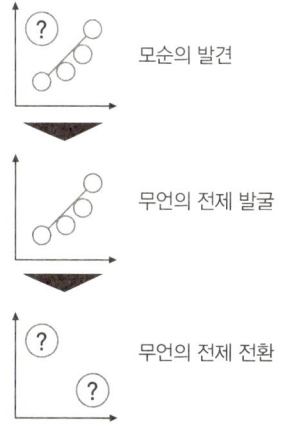

선처럼 길게 연결되어 있는 기계론적·과학적 해결 방법은 20세기적 문제해결의 특징이며 그 문제는 정량적이었다. 먼저 수치화를 통해 목표를 세운다. 그리고 나서 수치화한 목표와 실제의 차이를 메꿔나간다. 이러한 방법에서는 인간이 AI를 넘어설 수 없다.

하지만 수치화한 시점에서 더는 경제가 성장하지 않는다. 21세기의 문제는 '바람직한 모습과 현상의 갭'이 아니라 '대립'에 있기 때문이다.

여기서 말하는 대립은 인간이 모순의 양립을 바라는 상태를 말한다. 모순이란 인간이 A와 B, 양자를 성립시키기 위해 애쓰고 있는 상태이며 A와 B 모두 성립시키기 위해서는 상위개념인 C의 발견이 필요하다. 이것이 21세기적 문제해결의 특징이다.

아인슈타인은 이렇게 말했다.

"우리가 직면한 중요한 문제는 그 문제가 발생했을 때와 같은 사고의 레벨로는 해결할 수 없다"

그 해결에 사용되는 것이 지양(止揚, Aufheben)에 의한 조화의 실현이다. 지양이란 모순되는 요소를 발전적으로 통일하는 것으로, 독일의 철학자인 헤겔이 변증법(사고와 존재를 꿰뚫는 운동·발전의 논리) 안에서 제창한 것이다.

여기서 앞서 소개한 메타 사고가 도움이 된다.

사고란 의식을 개념과 정보의 바다에 띄워 그것을 유기적으로 결합하는 작업이다. 정보를 지속해서 받아들이는 것이 아니라 **받아들인 정보를 바탕으로 의미를 발견하고 연결한다**. 그 결과 새로운 각도나 깊이로 답을 발견할 수 있다.

이러한 답은 문제가 발생한 같은 차원에 존재하지 않는다. AI나 수리계산이 진화하여 양자컴퓨터의 정보처리 속도가 높아져도 차원을 넘어설 수는 없다. 2차원·3차원의 공간을 최적화할 수 있을 뿐이다.

인간이 생각하는 데 사용하는 의식을 굳이 정의하자면 **차원의 틀을 넘어설 수 있는 지각의 에너지**라고 할 수 있다. 이러한 의식을 사용하여 다차원적으로 정보를 결합할 수 있는 것이 우리 인간이라는 존재다.

생각하는 활동으로 고정관념에서 벗어난다

생각하는 힘의 또 다른 메리트로는 '고정관념 탈피'가 있다. **생각하는 행위를 통해 딱딱한 사고방식에서 자유로워진다.**

나는 종종 경영자나 전문가 지인으로부터 점심 식사 제안을 받는데, 주요 목적은 친분을 쌓는 것이 아니다. 그들은 나와의 대화를 통해 굳어져버린 '사고 바이어스(bias)'를 풀고 싶은 것이다. 그래서 나는 참가자의 두뇌 근육을 스트레칭하는 퍼스널트레이너로서 점심 식사에 참여한다.

사고 바이어스란 '고정관념', '신념', '가치관', '사상', '편견'이라고도 말할 수 있다. 인간은 살아가면서 하나의 사고방식에 집착하게 된다. 이것만큼 고치기 어려운 것도 없다.

앞으로의 시대는 세상이 변화하는 진폭도 속도도 커질 것이다. 그만큼 딱딱하게 굳은 두뇌로 인해 생활하는 데 어려움을 느끼는 사람이 늘어나고 있다.

사고의 역할은 이러한 두뇌 근육을 조금씩 부드럽게 풀어주어 한곳에 흡착한 의식을 해방시키는 것이다(도표 08). 생각하는 힘을 통해 고정관념을 녹여내는 것이다.

그럴 때 나는 무언가의 테마에 관한 구체적인 사견을 말하지 않는다. 상대가 사로잡혀 있는 개념이나 신념에 관해 더 높은 상위의 시점에서 의문의 제기한다. 그렇게 하면 저절로 다른 선택지가 보이기 시작한다.

자살을 원하던 사람에 관한 유명한 대화가 있다.

A : 더 이상 안 되겠어요. 죽고 싶습니다.

B : 힘든 일이 있었군요. 그렇다면 혹시 당신은 팔굽혀펴기 20회가 가능한가요?

A : 네? 아뇨, 아마 어려울 것 같은데요.

B : 그렇군요. 그럼 당신은 염소를 20마리 키우고 있나요?

A : 아뇨, 안 키우는데요. 왜 물으시죠?

B : 그렇군요. 그런데, 세상에는 팔굽혀펴기를 스무 번 할 수 없으면

도표 08 생각하는 사람의 가치

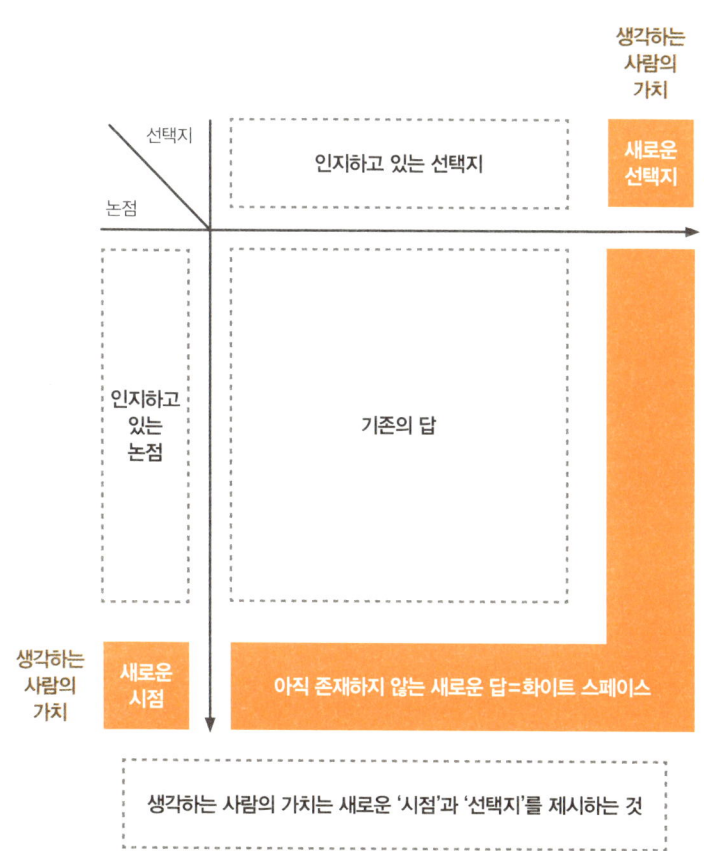

죽을 만큼 부끄러워지는 지역이 존재합니다. 당신은 지금 죽을 만큼 힘든 심정일지 모르지만, 당신이 몽골이나 인도의 시골에 가게 된다면 그런 것쯤은 대단한 문제가 아닐지도 모릅니다.

이 대화는 **시공을 뛰어넘어 대상을 인식하면 가치관은 얼마든지 바뀔 수 있다**는 것을 보여준다.

시간축은 과거나 미래, 공간은 자신 이외의 사회, 문화, 국가를 말한다. 시공간을 넓혀 바라보면 지금 이곳에 있는 자신에게 중요한 문제가 사실은 문제가 되지 않는다는 것을 깨닫게 된다.

문제를 해결하고 싶다면 멈춰 서서 우선은 대상으로부터 거리를 두는 것이 좋다. 그렇게 하면 인간은 문제를 축소시키는 것이 가능해지고 집착하고 있었던 대상에서 벗어날 수 있다.

전제를 의심하고 문제를 생각하는 일

'문제를 되묻는 것'은 전제를 의심하는 행위기도 하다(도표 09).

철도회사가 수익을 늘리려면 어떻게 해야 할까?

가장 먼저 떠오르는 방법은 승객을 늘리는 것과 장거리 열차에 더 많은 손님을 태우는 것이다. 철도회사는 장거리 구간일수록 회수해야 할 건설 비용이 크기 때문에 거리와 운임이 비례하는 것이 '상식'으로 인식되기

도표 09 전제를 의심하여 문제를 해결한다

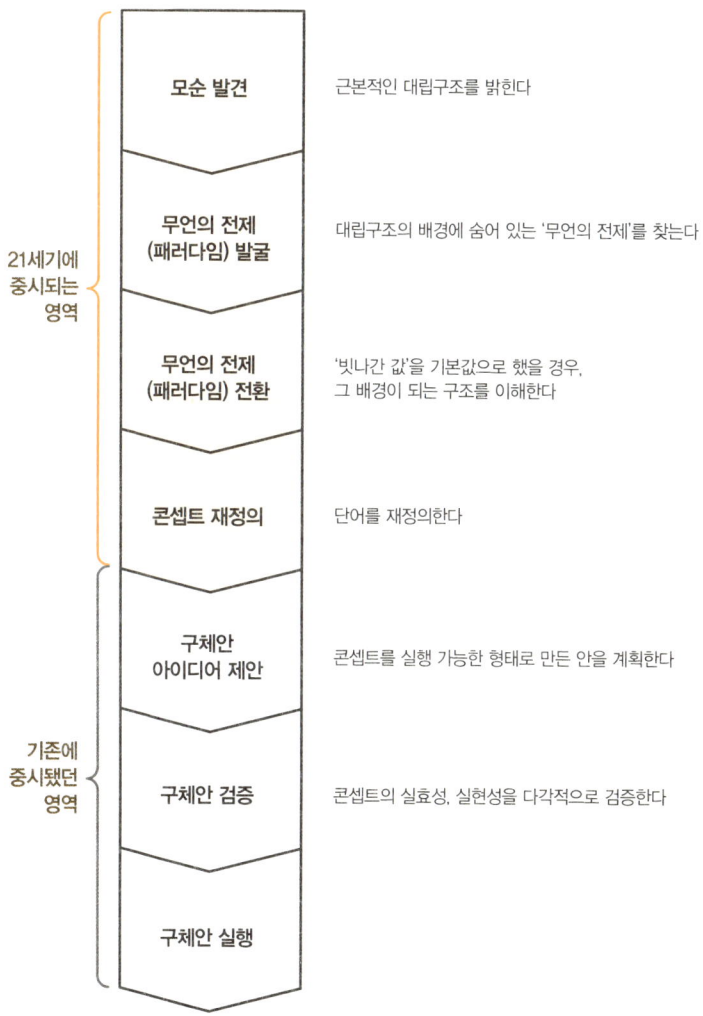

왜 생각하는가?

때문이다.

하지만 정말 그럴까? 수십 년 전에 지어진 철도라면 이미 선로의 건설 비용은 충분히 상각이 끝난 상태다. 그렇다면 '거리에 비례하여 운임이 비싸진다'라는 무언의 '전제' 자체가 틀린 것은 아닐까라는 의문이 든다. 전제가 '거리와 운임은 비례한다'에 있다면 그 반대는 '거리와 운임은 반비례한다'가 된다.

'근거리지만 비싸다'는 반비례 상황을 실현하기 위해 생각할 수 있는 방법은 무엇일까? 구체적으로는 수요가 많은 도시권 이동 구간에 특별석을 도입하는 방법이 있다.

실제로 도쿄의 주요 통근 노선인 도카이도선 등에서는 단거리지만 출퇴근길의 혼잡도를 낮추기 위해 그린석을 설치했다. 티켓 판매처를 새로 만들 필요도 없다. 그린석을 원하는 사람은 개찰구에서 교통카드를 가져다 대기만 하면 된다. 일반 운임을 내는 사람과 개찰기를 분리해두면 통과할 때 높은 운임이 빠져나간다.

또 다른 무언의 전제를 뒤엎는 '장거리지만 저렴하다'를 실현하기 위한 방법도 무수히 많다. 경합이 존재하는 일부 장거리 이동 구간(교외 관광지 코스 등)에만 특별히 저렴한 정기권을 판매하여 승객을 늘리는 방법도 있고, 만약 철도회사가 교외 휴양지 근처에 부동산을 소유하고 있다면 부동산 임대료에 도심까지의 정기권 가격만큼 얹어서 이익을 내는 방법도 있다.

이처럼 '거리와 금액은 비례한다'라는 업계 상식(무언의 전제)의 반대(가깝지만 비싸다, 멀지만 싸다)가 성립하지는 않을지 생각해보는 것은 '질문을 되묻는 행위'에 한발 내딛는 것이다.

이렇게 도출된 답 중에 기존 방법과 전혀 다른 패러다임을 갖는, 실행 가능한 구체적인 대책이 발견된다면 매우 효과적일 것이다.

어떤가? 생각해볼 가치가 있지 않은가?

생각하는 힘의 진짜 목적은 무엇인가?

'일 잘하는 사람'은 항상 대안을 준비한다

앞서 말한 대로 생각하는 힘의 메리트는 무수히 많다.

그렇다면, 대체 무엇을 생각해내야 '진짜 생각했다'라고 말할 수 있을까.

생각하는 힘의 목적을 단적으로 말하자면 **'대안을 마련하는 것'**, **'구체안을 떠올리는 것'**, **'전체상을 파악하는 것'**, **'본질을 꿰뚫는 것'** 이렇게 네 가지가 있다.

우선 '대안을 마련하는 것'에 대해 말하기 전에 일본 유명 IT기업 카약(KAYAC)의 CEO 야나사와 다이스케가 한 말을 소개한다.

"아이디어가 있는 사람은 고민하지 않는다."

즉, '**대책(플랜B, 플랜C)을 가진 사람은 안심하고 생활할 수 있다**'라는 이야기다.

일본 포털사이트 라이브도어(livedoor)의 전 CEO 호리에 타카후미도 그런 지적 유형의 전형적인 예다. 그와는 우주 개발 스타트업인 아이스페이스의 HAKUTO 프로젝트에 참여하면서 몇 번인가 만난 적이 있다. 언젠가 그의 직원이 실수를 했는데 본인은 그다지 개의치 않는 눈치였다. 직원에게 주의를 시키지만 엄하게 추궁하지는 않는다. 여유가 있다.

그의 어떤 점이 뛰어난가 생각해보니 그에게는 집착이 없었다. 그는 이미 몇 가지 대안을 가지고 있기 때문에 여유가 있는 것이다.

그야말로 '상정안'이라는 표현에 딱 들어맞는다. 대학을 중퇴하고 취업 대신 사업을 시작한 그는 대학을 졸업하자마자 취업한 사람에 비해 항상 실패의 위험에 노출되어 있었다. 그래서 실패를 전제로 다른 수단(대안)을 준비하는 습관이 몸에 배어 있다. 다른 방법이 있기 때문에 직원이 실수를 해도 집착하지 않는 것이다.

진정한 지성이란 '얽매이지 않은 마음을 갖는 능력'

호리에 타카후미는 증권거래법 위반 혐의로 2년간 수감된 적이 있다. 평범한 사람이 이런 상황에 놓이면 기세가 꺾이기 마련이지만 그는 달랐다. 그가 '수감되어 있는 동안 책을 1,000권 정도 읽어볼까'라고 생각을 전환한 것도 이미 다른 대안이 준비되어 있었기 때문일지도 모른다.

복수의 선택지가 있는 사람은 하나의 안에 집착하지 않기 때문에 행복할 수 있다. 행복이 인간의 목적이라면 **진정한 지성이란 사로잡혀 있지 않은 마음을 갖는 능력**이다.

사람들은 커다란 오해를 하고 있다. 그가 다닌 도쿄대학에는 머리가 매우 좋은 사람이 간다고 생각한다. 하지만 실제로 도쿄대학에 합격하는 사람은 '머리가 좋은 사람'이 아니다. 머리가 좋은 것과는 별개로 **수험을 고상한 행위가 아닌 그저 게임이라고 축소화시켜 받아들이는 사람이 합격한다**. 대학 진학률이 높은 학교의 시스템이란 그런 것이다.

하지만 일반적인 사람들은 반대로 받아들인다. 공부를 고상한 것으로 여기며 공부 잘하는 사람을 존경한다. 정작 당사자들은 공부를 작은 부분, 때로는 단순한 작업에 지나지 않는다며 무게를 두지 않는 데도 말이다.

그런 그들이 사회의 상위에 선다는 것이 어떻게 보면 부조리해 보일지도 모르지만, 그것은 현실이다. **무언가에 구애되는 사람일수록 성과를**

내기가 어렵다.

도쿄대학에 합격하는 사람들의 우수함은 공부에 투자하는 시간이 아니라 **작은 일에 지속적으로 집중하는 의식의 컨트롤 능력**에 있다. 수험은 의식을 컨트롤하기 좋은 트레이닝의 장이긴 하지만 그 이상도 이하도 아니다.

그렇게 얻은 지식은 시간과 함께 퇴색하고 머지않아 잊혀버린다. 남은 가치는 집중했던 체험이다. 그리고 새로운 게임은 계속해서 생겨난다.

실현 가능한 구체안을 이끌어내는 것에 생각하는 힘의 의미가 있다

생각하는 힘의 두 번째 목적은 '**구체안을 떠올리는 것**'이다.

구체안이란 '내일 무엇을 행동에 옮겨야 할지를 나타내는 안'이다. 즉, 바로 행동에 옮길 수 있을 만큼 구체적이지 않다면 방안이라고 말할 수 없다.

일을 생산적으로 해내는 현장에서는 '문제를 그대로 두지 말라. 문제를 (해결 가능한) 과제로 삼아라'라는 이야기를 한다. 이 역시 해결방안을 구체적인 형태로 제시하지 않는다면 아무것도 생각하지 않은 것이나 다름없다.

그저 '검토한다'라는 형태로 끝나는 회의나 문서가 있는데, 그것만으로는 진짜 깊이 생각했다고 말할 수 없다. 바로 실천할 수 있는 수준의 답이 아니라면 책상 위의 공론으로 끝나버린다.

개선이 엿보이는 수준의 답은 행동으로 옮기기가 쉽다. 하지만 앞으로 우리가 해야 할 일은 개선이 아니라 '개혁', 때에 따라서는 지금까지의 상식을 뒤엎는 '패러다임의 전환'이다.

여기에는 으레 기득권을 지키려는 사람들이 존재하며 그들의 **속박이나 저항을 배제할 수 있는 방안 등이 디자인된 실현 가능한 '답'이 아니면 사고하는 의미가 없다.**

의료개혁은 일본이 안고 있는 커다란 과제 중의 하나다.

국가재정을 압박하는 의료비를 낮추기 위해서는 예방의학에 주력하는 것이 중요하다. 그것이 이론상으로 명백한 사실이지만 국민이 건강하면 장사가 되지 않는 의사회의 강력한 반대 역시 불 보듯 뻔한 일이다.

그렇다면 기능의학이나 예방의학을 연구하는 기관을 조인트벤처로 설립하고 이사직에 의사회의 중진을 앉혀서 예방의학의 이익을 의사회에 환원하고 새로운 오퍼레이션에는 관여하지 않게 하는 방안을 생각해볼 수 있다. 이처럼 기존 조직에 새로운 시책의 메리트를 환원하여 원만하게 개혁을 실현하는 것이 가능하다.

개혁할 때는 인센티브의 설정이 매우 중요하다. 정론을 휘두르며 '내가 옳고 저들은 틀렸다'라고 화를 내도 사회는 바뀌지 않는다. 문제의 핵심을 파악하는 동시에 실현 가능한 구체안을 내야 한다.

전체상을 파악한다

생각하는 힘의 세 번째 목적은 '**전체상을 파악하는 것**'이다. 앞서 사업가들과의 점심 식사 일화에서도 말했듯이, 생각하는 과정을 통해 대상의 전체적인 모습을 명확히 그리면 보이지 않던 논점이나 선택지를 스스로 발견할 수 있게 된다.

대상의 전체상을 파악할 때 **의식적으로 살펴봐야 할 점은 '시간축'과 '공간축'이며, 직접 종이에 그려보는 것이 중요하다.** 모든 생각 활동에 해당하는 이야기지만, 종이를 사용하여 생각을 언어화할 필요가 있다(나는 책상 위에 A4 용지를 잔뜩 쌓아둔다).

내가 메타 사고를 할 때 자주 사용하는 프레임워크는 '**T&S 캔버스**'다.

가로축에 T(Time), 세로축에 S(Space)를 두고 각 요소의 관계를 정리해가는 방법으로, 생각을 언어화할 때 하나의 틀이 된다.

가장 간단하고 친숙한 T&S 캔버스는 널리 사용되고 있는 공정표다. 가로축에는 시간이, 세로축에는 담당자나 부서가 쓰여 있어서 각각의 업무가 전체 프로젝트 중 어느 위치에 있는지 정리되어 있다.

인터넷에서 쉽게 찾을 수 있는 '세계사 대조 연표' 역시 T&S 캔버스를 이용한 것으로 세로축은 국가(혹은 지역), 가로축은 연대를 나타내며 어느 연대에 어느 지역이 어느 국가의 지배를 받았는지 한눈에 알 수 있다.

이처럼 메타 사고를 실천할 때는 백지상태에서 T&S 캔버스를 그려 나간다.

나는 미팅에 종이와 펜만 챙겨간다. 처음 30분은 참가자의 이야기를 듣는 것에 포커스를 맞춘다. 각 발언의 위치 관계(추상·구체도), 시간축(긴급·중장기)을 파악하여 그것을 머릿속 캔버스 혹은 종이에 그려가며 정리한다.

내가 이야기를 시작하는 시점은 1시간의 미팅 가운데 45분 정도가 지났을 때부터다. **다양한 발언 내용과 발언자의 인센티브(동기·목적)의 위치 관계가 파악되면 문제의 코어(본질)와 그것에 대한 해결책(효과적이면서 실현 가능한 것)을 알 수 있다.**

당장 해결책이 나오지 않는다고 해도 대부분의 경우 다양한 문제가 스파게티처럼 얽혀 있기 때문에 그것을 풀어내는 작업만으로도 충분한 가치를 제공한다. T&S 캔버스 사용에 익숙해지면 그다음은 어렵지 않다.

문제는 비즈니스 상황에서는 자신의 의사(욕구)가 생각에 개입된다는 점이다. 비즈니스인 이상 자신(자신의 회사)의 몫이 필요한 것은 당연한 일이며 그렇지 않으면 사업이 뜻대로 지속되지 않는다. 따라서 실제로는 사고한 것에서 이기심을 빼고 남은 것이 미팅에서의 가치가 된다.

대상과 거리를 둔 상태(한발 떨어져서 바라보는 상태)라는 것은 T&S 캔버스 각 축의 폭이 넓다는 것을 의미한다.

문제해결을 할 때는 그 배경을 파악하기 위해 과거를 돌아보거나 미래를 내다볼 필요가 있는데, 시간축의 범위에 따라 최적의 답은 달라지기 마련이다. 공간축 역시 축을 얼마나 넓게 잡는가에 따라 대상을 객관적으로 바라볼 수 있게 된다.

공간축을 넓힐 때 많이 사용되는 것이 해외의 사례들이다. 결혼 제도에 관해 고찰하고자 한다면 선진국, 이를테면 프랑스의 다양한 파트너 제도의 동향을 살펴보는 것이 좋고, 최근 문제로 떠오르는 고독사 문제에 관해서는 2018년 외로움 담당 장관(Minister for Loneliness)을 신설한 영국의 대처를 살펴볼 필요가 있다. BBC나 CNN 등의 미디어를 인터넷 북마크에 넣어두면 많은 도움이 된다.

나는 유럽 최고의 지성인 자크 아탈리를 좋아하는데, 그의 위대함을 한마디로 표현하자면 T&S 캔버스의 광대함에 있다(그의 경우는 H(History)&F(Field)다). 아탈리는 선사시대부터 미래에 이르기까지 역사상의 종교와 환경, 화폐, 폭력, 민주주의, 마약 등 세계 전반을 꿰뚫어 본 뒤 본질적인 루트를 발견한다.

각각은 표층적이고 개별적인 테마지만 아탈리는 그것들을 모두 유기화하여 21세기를 관통하는 원칙을 통찰하고 있다. 이것은 뛰어난 메타 사고력을 가진 사람만이 가능한 사고법이다. 그에게는 장대한 퍼즐을 풀어내는 감각이었을 것이다. 관심이 있는 독자라면 《미래의 물결》이나 《인류는 어떻게 진보하는가》 등을 읽어보길 바란다.

나의 본격적인 '퍼즐 풀기'는 M&A 전문 컨설턴트 시절 클라이언트 기업을 분석하는 것이 그 시작이었다. 기업은 다양한 부서, 상품, 역사, 업계, 거래처 등 필드가 광범위하게 나뉜다. 더욱이 대기업의 경우 관련 회사 수 또한 방대하다. 그 모든 요소를 시야에 두면서 기업을 움직이는 본질을 특정하는 것이 M&A 컨설팅의 핵심 업무이다.

이것이 점차 가능해지면서 나는 폭을 조금 넓혀서 '주식이나 투자란 무엇인가'를 생각하게 되었고 그러한 생각의 결실로 집필한 책이 《현명한 초보 투자자》다.

그다음으로 '기업분석'과 '가치 창조'를 체계화하는 것에 주력하였고 (이것은 오마에 켄이치가 학장을 맡고 있는 비즈니스 브레이크스루 대학(Business Breakthrough University)의 강좌가 되었다) 나아가 '화폐란 무엇인가'라는 더욱더 커다란 퍼즐에 도전하게 되었다.

회사의 경영 성적을 나타내는 손익계산서, 회사의 재정 상태를 나타내는 재무상태표, 업계 구성, 성과 등 기업분석의 다양한 요소를 외부환경·내부환경, 비즈니스마켓·캐피탈마켓이라는 두 축의 매트릭스로 표현

도표 10 T&S 캔버스 예시

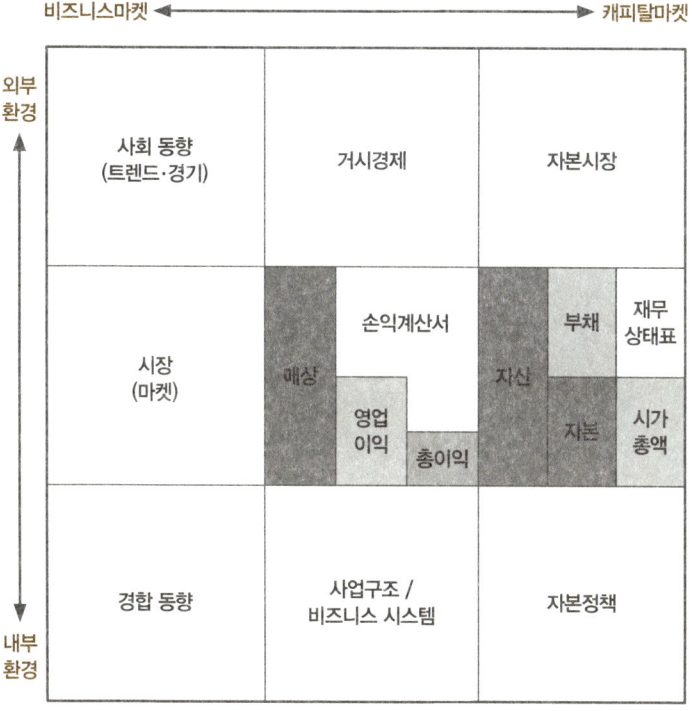

한 도표 10 역시 T&S 캔버스의 또 다른 예다. 이 매트릭스는 《기업분석력 양성강좌》라는 책의 메인 프레임워크로 사용되었다.

'대상을 이해한다는 것은 그 윤곽을 분명히 하는 것이다.'

나는 이것을 미술 선생님에게 배웠다. 대상을 정확하게 그리기 위해서는 대상 그 자체가 아니라 윤곽과 주변을 그리라는 의미다.

윤곽을 분명히 하는 데 도움이 되는 네 가지 기법이 있다(도표 11 위).

1. 대상의 배경·원인을 고찰한다.
2. 대상이 가져오는 결과·의미를 고찰한다.
3. 대상의 하위개념을 분석하여 더욱 구체적인 내용을 상세히 고찰한다.
4. 대상의 상위개념, 혹은 상위로부터 바라본 대상과 같은 레벨의 대상물을 고찰한다.

지금 소개한 네 가지 기법을 '영어'의 윤곽을 잡는 것에 응용하자면 다음과 같다(도표 11 아래).

1. 문법의 본질과 어휘의 어원을 이해한다.
2. 네이티브의 문장구성과 표현을 감각적으로 이해하도록 노력한다.

도표 11 대상을 명확하게 하는 네 가지 개념

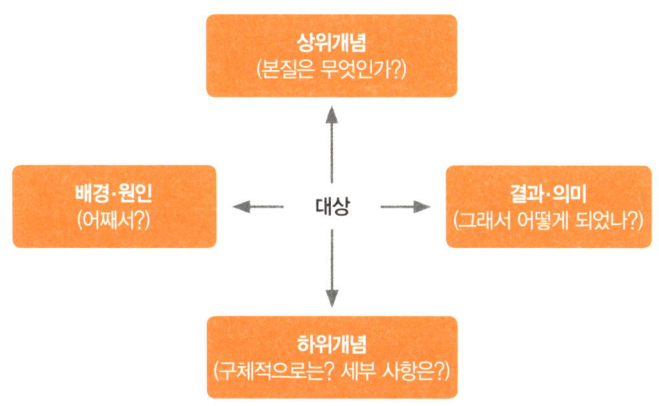

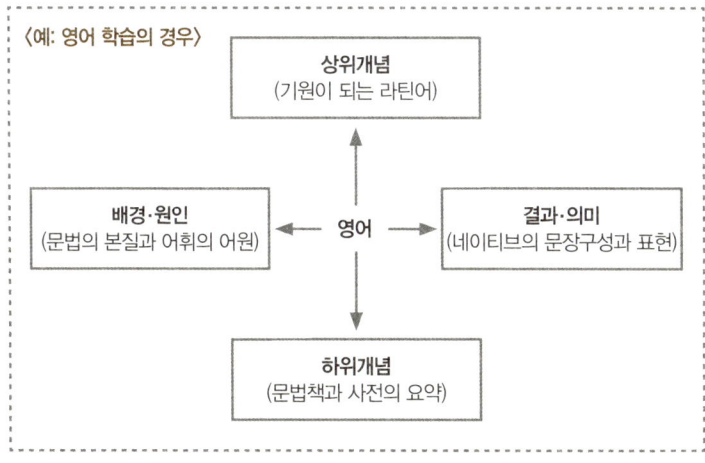

3. 두꺼운 문법책과 사전의 내용을 자기 나름대로 정리한다.
4. 라틴어를 공부한다. 혹은 그것에서 분화한 영어 이외의 인도·유럽 언어(스페인어, 프랑스어, 독일어 등)의 차이를 생각해본다.

가장 빨리 영어를 습득하는 방법은 이 네 가지를 모두 생각해보는 것이다. 무언가를 생각할 때 가장 중요한 것은 '장벽을 세우지 않는 것'이다.

똑똑한 사람은 단어를 외우지 않는다

영어 학습 이야기를 이어서 하자면 단어 암기법에는 '어원'을 이용하여 외우는 방법이 있다. 단어의 근원적 의미를 알고 있으면 모르는 단어의 의미를 짐작할 수 있다.

예를 들어 'sub'는 '아래(의)'를 뜻한다. 'subway(서브웨이)'의 의미는 sub(아래의) way(길)로 '지하철'을, 'submarine(서브마린)'은 '바다의 아래'이므로 '잠수함'을, 'subliminal(서브리미널)'은 '잠재(아래의)의식'이라고 유추할 수 있다.

본질에 대해 생각하는 사람은 알파벳의 의미도 알고 있다.

b는 존재와 긍정, 향상, 성장 등을 의미하며 d는 결핍, 부정을 나타낸다. 따라서 단어의 앞에 b가 사용되면 자연스럽게 '긍정적, 발전적인 의미'라고 짐작할 수 있고, d로 시작되면 '왠지 나쁜 의미일 것 같다'라고

추측할 수 있다. 조금 추상적이긴 하지만 본질적이기 때문에 응용이 가능한 것이다.

똑똑한 사람은 몇 가지 지극히 메타적(추상적)인 본질을 파악하고 있고, 그것으로부터 지엽적인 문제를 어렵지 않게 해결한다.

본질을 꿰뚫는다

메타 사고의 최종적인 목적은 본질을 꿰뚫고 핵심을 찌르는 대책을 발견하는 것이다. 그렇다면 '본질적'이란 무엇을 말하는가.

본질에는 세 가지 공통되는 요소가 있다. 바로 '**보편성(응용할 수 있는 것)**', '**불변성(시간이 흘러도 변하지 않는 것)**', '**단순성(심플한 것)**'이다.

이러한 본질을 파악해두면 후에 응용 가능성이 커진다.

이 세 가지 특성을 검증해보면 자신이 생각해낸 것이 본질적인지 아닌지 알 수 있다. 만약 생각해낸 것에 이 세 가지 요소가 없다면 더욱 본질적인 무언가가 존재한다는 뜻이다.

본질의 세 가지 요소에 대해 조금 더 자세히 알아보자.

1. 보편성

보편성이란 응용할 수 있는 것을 말한다. 어떤 분야에 대해서 본질(원칙)을 파악하면 그 답은 얽혀 있던 다른 문제도 함께 해결해버린다.

2. 불변성

본질은 시간이 지나도 절대 녹슬지 않는다. 본질적 사고로 얻은 답은 과거, 그리고 미래에도 영원히 통용된다. 내일의 결론이 오늘의 결론과 다르다면 아직 생각이 충분하지 않다는 증거다.

3. 단순성

본질은 항상 심플하다. 이것은 대상의 본질을 이해하려고 노력할 때 매우 중요하다. 세상은 얼핏 복잡하게 보여도 상상 이상으로 심플하며 최종적으로 진짜 문제는 단 하나뿐이다. 문제가 두 가지 세 가지 있다는 것은 생각해야 할 것이 더 남아 있다는 뜻이다.

세 가지 요소에 하나 더 덧붙이자면, 자신의 생각의 결과에 확신이 서지 않는 것은 아직 핵심을 꿰뚫지 못했기 때문이다. 그 위화감은 '조금만 더 가면 본질에 도달할 수 있으니 힘내라'라고 알려주는 신호다. 다시 말해서 **그러한 위화감을 느끼는 능력을 갖는 것이 중요하며 그것이 없으면 본질적인 답을 얻기 힘들다.**

여기까지가 본질적으로 공통되는 요소에 대한 이야기다. 자신이 파악한 것이 '완전한 본질(대상의 진리)'이 아니라고 해서 지금 단계에서 너무 걱정할 필요는 없다. 만약 세상의 본질을 발견할 수 있다면 노벨상을 수상하여 역사에 위대한 공적을 남길 수 있을지도 모른다. 하지만 우선은 본질'적'인 문제를 발견하는 것만으로도 메타 사고를 수반하지 않고 행한 단편적인 행동에 비해 압도적인 효과를 기대할 수 있다.

표면적 문제는 문제가 아니다

많은 사람이 성과를 얻기 위해 다양한 문제에 대처하려 든다. 하지만 대부분의 문제는, 지렛대에 비유하자면 '받침점에 가까운 부분'에 위치하는 표면적 문제다. 표면적 문제에 대한 대책을 대증요법이라고 부른다.

메타 사고에서는 지렛대의 받침점에서 멀리 있는 본질적 문제를 단호하게 파헤친다. **핵심을 찌른다는 것은 '이곳을 바꾸면 가장 크게 움직일 것이다'라는 레버리지 포인트를 발견하는 것이다**(도표 12).

당연한 이야기지만 레버리지 포인트를 찾아내는 것은 간단하지 않다. 그렇다고 해서 표출된 문제에만 손대는 것도 가성비가 좋지 않다.

눈에 보이는 문제는 대처하기 쉽지만 최선을 다해 대처해도 결과로써 얻을 수 있는 성과는 매우 적다. 게다가 물리적으로 상당한 노력을 기울여야 하며 그런 노력으로 어느 정도 성과를 얻는다고 해도 문제의 근원은 해결되지 않았기 때문에 반드시 새로운 문제가 발생한다. 결국 두더지 잡기처럼 끝없이 표출되는 문제에 대처해야 한다.

도표 12 　본질을 파악하면 성과를 올리기 쉽다

- 사고의 본질은 레버리지를 활용하는 데 있다
- 문제해결의 열쇠는 단 한 가지 결정적으로 중요한 것을 실행하는 것

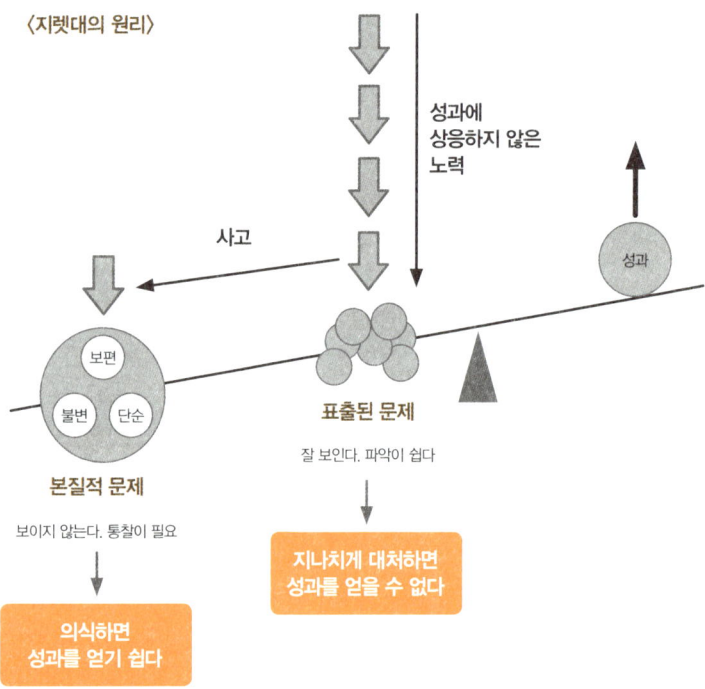

두더지 잡기에서는 '노력＞성과'라는 법칙이 성립된다. 레버리지 포인트인 스위치를 끄지 않으면 아무리 시간이 지나도 문제는 사라지지 않는다.

따라서 **보이는 문제에 연연하지 말고 혹여 임시방편이 시급하다고 해도 눈앞의 빙산 아래에 잠겨 있는 커다란 얼음덩어리를 항상 의식해야 한다.**

2장

단기간에 성과를 내는 생각하는 힘

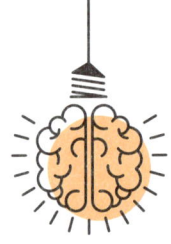

매일매일 어떻게 생각해야 좋을까?

생각하는 힘을 단련하는 '3가지 사이클'

생각하는 힘을 단련하기 위해서는 **'생각하기', '쓰기', '말하기'**의 사이클 확립이 필요하다(도표 13).

　우선 생각하는 힘을 단련할 때 의식해야 할 습관은 **'생각하는 일에 전념하는 것'**이다. 대상에는 반드시 본질이 존재한다. 깊이 생각함으로써 누구든 언젠가 그 본질에 도달할 수 있다. 앞서 말했듯이 '(자신의 분석에) 확신이 서지 않는다'는 느낌이 들지 않을 때까지 끊임없이 생각하는

도표 13   생각하는 힘을 단련하는 3가지 사이클

- 생각하는 힘을 단련하기 위해서는 '생각하기', '쓰기', '말하기'의 올바른 사이클을 확립한다
- 매일매일 업무 중에도 집중하여 깊이 생각하는 시간을 갖는다

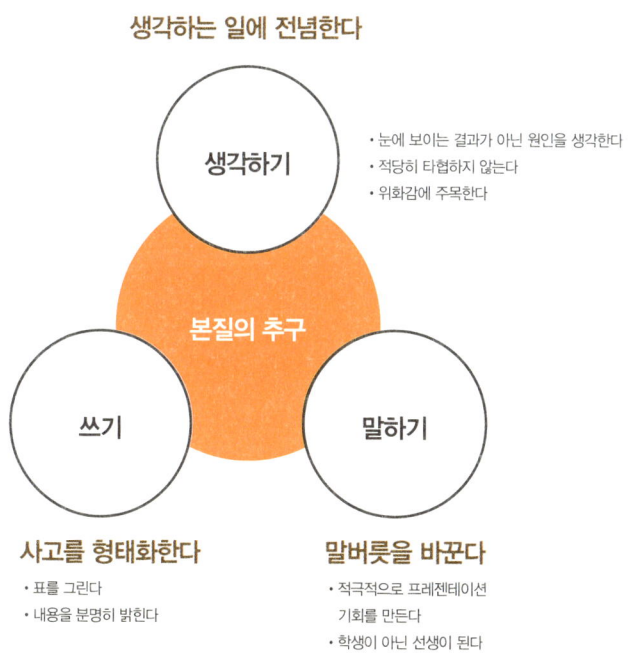

것이 중요하다.

'말하기'에서 중요한 것은 **말버릇**이다. 사소한 말버릇이라도 간과해서는 안 된다. '본질적으로는~'이라고 중얼거리는 습관을 들이면 내뱉는 말은 자연스럽게 본질적인 것이 된다.

마지막으로 '쓰기'는 **사고를 형태화하는 것**이다. 생각만 하고 형태화하지 않으면 아무 의미가 없다. **종이에 쓰는 순간 생각은 고정된다.** 문제를 파악하거나 구조화하고 싶을 때는 우선 종이에 정방형, 혹은 가로·세로축의 표를 그려보자.

위화감이 사라질 때까지 몇 번이고 그리면서 본질이 어디에 있는지 가설을 세우고 그것을 검증해본다. 본질적인지 어떤지는 그 효과에 따라 어림잡을 수 있을 것이다. 메모하는 습관의 중요성은 아무리 강조해도 지나치지 않다.

지식은 선택지를 늘려 자유를 부여한다

다만 '생각하기', '쓰기', '말하기'의 사이클을 적절히 사용한다고 해도 최소한의 지식 없이는 앞으로 나아갈 수 없다.

지식으로 비용을 절감할 수 있는 것처럼 **지식이 있으면 선택지가 늘어나고 선택지는 자유를 부여한다.** 그리고 자유는 풍요로움으로 이어진다. 인간이 공부를 해야 하는 이유는 이러한 지식을 얻기 위해서이기도 하다.

1장에서 나는 '생각＞지식'의 상태를 항상 의식하라고 이야기했다. 의식이 향하는 선택지가 지식이다. **의식이 주체고 지식은 목적**이다. 따라서 우선 주체가 되는 의식을 자유롭게 움직이도록 해야 한다.

우리는 종종 현상이나 과거에 집착한다. 고민의 본질은 언제나 집착에 있다. 집착은 의식의 초점을 고정시켜 선택지를 결여시킨다.

한편 **지식은 우리에게 새로운 선택지를 부여하여 집착과 고민을 풀어내는 힘이 된다**.

방정식을 비롯한 지식의 99%는 써먹을 일이 거의 없지만, 매일같이 사용하는 지식도 분명 있다. 어떤 지식이 언제 도움이 될지는 알 수 없다. 그러므로 **선택적으로 지식을 얻는 것이 아니라 다양한 지식에 안테나를 세워야 한다**.

그러한 지식을 사용하는 것이 바로 생각의 역할이다.

생각은 의식을 배당하는 동작으로, 지식을 선택하여 각 지식들을 연결하거나 분리하여 새로운 선택지를 만들어낸다. 이 같은 '지식과 의식(을 컨트롤하는 사고)'을 조합하는 행위를 통해 우리의 인생은 훨씬 자유로워질 수 있다. 그런 의미에서 **지식과 의식은 생각의 쌍두마차**라고 할 수 있다.

독서는 효율적으로 지식을 얻는 최고의 방법

효율적으로 지식을 얻고 싶다면 고전이나 교과서를 읽는 것을 추천한다.

나는 생각에 의식을 집중하기 위해 지금은 책을 거의 읽지 않게 되었지만, 30대 전후를 정점으로 다양한 장르의 고전을 섭렵했다. 고전을 권장하는 이유는 현대에까지 지속적으로 읽히고 있다는 점으로, 사물의 본질을 꿰뚫고 있기 때문이다.

책을 읽는 행위는 저자의 생각 프로세스를 좇는 여행이다. 따라서 **양질의 책을 읽는 것만으로도 자신의 좁은 시야나 얕은 통찰을 깨달을 수 있고, 독서를 통해 정보에 흡착된 의식을 떼어낼 수 있다.** 지식을 얻기 위해서뿐만 아니라 이러한 시점에서 책을 읽으면 독서의 또 다른 재미를 느낄 수 있어서 좋다.

특정 주제에 대해 체계적으로 배우고 싶을 때는 단순히 인터넷 서점의 평점에만 의지할 것이 아니라, 입문서를 통해 전체상을 파악하고 전문서로 깊이 통찰하는 식의 독서 방법을 추천한다.

입문서와 전문서는 그 목적이 전혀 다르다. **입문서는 어떤 주제의 문을 열어주고 전문서는 본질에 빨리 도달할 수 있게 해준다.**

입문서는 글자 그대로 입문하기 쉬운 책이어야 한다. 당신이 문제의식을 느끼고 있는 주제에 대해 전체상을 보여주고 각각의 내용이 알기 쉬운 표현으로 간결하게 설명된 책을 고르는 것이 좋다. 입문서를 다 읽었으면 문제의식을 깊이 파고들기 위해 전문서를 읽는다(도표 14).

대부분의 전문서는 추상적이고 어려운 표현으로 쓰여 있지만, 그 자체는 전혀 문제가 되지 않는다. 그 책이 주제의 본질을 파악하고 있는가가 중요하며, 반드시 입문서는 쉽고 전문서가 어렵다고는 말할 수 없다.

전문서라도 만약 해당 주제의 본질을 적확하게 꿰뚫고 있다면(지식의 부족으로 인해 문맥을 정확하게 이해하지 못할 수는 있지만) 분명 내용을 이해하는 데 문제가 없을 것이다.

중요한 포인트는 수많은 책 가운데 본질적인 전문서를 어떻게 구분해내는가인데, 그러한 능력은 경험을 통해 습득이 가능하다. 혹은 본질을 잘 알고 있다고 여겨지는 사람에게 책을 추천받거나 양서에 인용된 책을 고르는 것도 좋은 방법이다.

체계화된 지식을 배우는 데 있어서 교과서도 매우 효과적이다. 책을 거의 읽지 않게 되어버린 나도 수학이나 의학 교과서는 지금도 읽고 있다.

만약 경영에 관한 기초적인 지식을 습득하고 싶다면 유명 경영대학원이 펴낸 'MBA 시리즈(오래된 판일수록 퀄리티가 높다)'를 읽어보면 좋다. 그 내용을 제대로 공부하면 억대 연봉은 거뜬히 벌 수 있다.

다만 **책이 도움이 되긴 하지만, 문제의식은 스스로 만들어낼 필요가 있다.** 훌륭한 책은 문제의식에 대응하는 힘을 갖고 있지만, 문제 자체를

도표 14   입문서와 전문서의 차이점

- 20~30대, 연간 최소 100권의 책을 읽는다
- 양서는 '입문서'와 '전문서' 두 종류가 있다

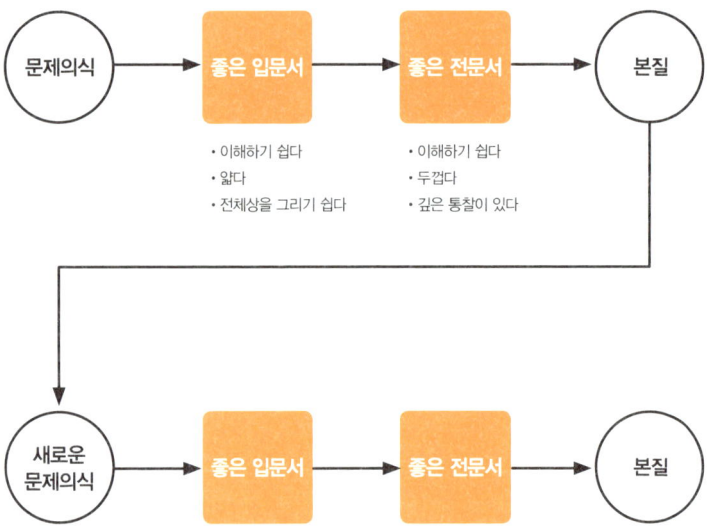

알려주지는 않는다. 만약 아무 생각 없이 '다들 읽고 있으니 나도 읽어야지'라는 동기로 책을 읽어봐야 그것이 제아무리 명서라 한들 아무것도 얻지 못할 것이다.

똑똑해지고 싶다면 오일을 바꾸자

세상에는 '두뇌 트레이닝'을 위한 책이 많이 나와 있지만, 본질로 되돌아가 생각해보면 **뇌의 컨디션을 높이는 것이 가장 중요**하다. 특히 뇌의 CPU에 해당하는 뇌간의 염증을 얼마나 억제하는가가 포인트다.

    이를 깨닫게 된 계기는 어머니가 40~50대에 발병하는 조발성 알츠하이머병에 걸리면서부터다. 알츠하이머병은 베타 아밀로이드라는 단백질이 뇌 안에 쌓이면서 염증을 일으켜 인지력이 떨어지는 질환이다.

    내 피의 절반은 어머니로부터 물려받았기 때문에 그런 나의 뇌 컨디션을 관리하기 위해 매일 요리에 사용하는 오일은 양질의 것(코코넛오일, 아마씨유, 오메가3가 포함된 오일, 엑스트라버진 올리브오일 등)을 고집하고 있다. 샐러드유는 섭취하지 않는다.

    '똑똑해지려면 공부를 해야 한다'라는 상식을 잠시 접어두고, 대체 두뇌의 상태가 좋다는 것은 무엇을 말하는가에 대해 생각해보았다. 의학적인 근거를 바탕으로 문제를 검증한 결과, '오일을 바꾼다'라는 매우 효과적인 선택지를 발견해냈다.

머리를 맑게 하는 환경을 만든다

평소에 나는 '두뇌를 효과적으로 사용할 수 있는 환경을 만드는 일'에 가장 많은 시간을 할애한다. 구체적으로 매일 신경 쓰고 있는 것은 다음과 같다.

1. **신체의 컨디셔닝**
   - 양질의 오일 섭취, 영양 밸런스, 양질의 수면, 스트레칭 등
   - 정보와 노이즈 차단(컴퓨터 사용 시간을 줄인다, 텔레비전을 보지 않는다, 신문을 읽지 않는다 등)

2. **스트레스 경감**
   - 사람을 가려서 만난다.
   - 사람이 많은 곳에 가지 않는다(만원 지하철을 타지 않는다 등).

3. **조용한 공간 추구**
   - 정리정돈
   - 소음 차단 등

그 외에 **청소도 효과적**이다.

시험 직전에 이유 없이 청소를 하고 싶어지는 현상을 현실도피라고 말하는 사람도 있지만, 도쿄대학의 한 교수는 청소가 리엔트로피(re-entropy), 즉 의식의 응축이라고 지적한다. 책상이나 방 안이 어질러져 있으면 의식이 그것에 들러붙어 확산해버리므로 중요한 생각 작업에 할애하는 뇌의 처리 능력이 자기도 모르는 사이에 부족해지는 것이다. 1장에서 소개한 생각과 정보의 패러독스는 생활공간에도 그대로 적용된다.

스티브 잡스는 집에 물건을 거의 두지 않았던 것으로 유명한데, 생각하는 힘이라는 관점에서 말하자면 물건이 없는 상태는 의식을 정리하기 가장 좋은 환경이다. 그런 의미에서 곤도 마리에의 《인생이 빛나는 정리의 마법》이 미국에서 큰 인기를 끌었다는 사실에 고개가 절로 끄덕여진다.

업무상 판단의 질을 높이는 간단한 방법은?

생각하는 힘은 차원을 넘어 의식을 종횡무진 움직여서 정보와 지식, 개념을 선택하고 분리·결합시키는 작업이다. 그 때문에 이러한 움직임에 필요한 근육(의식)을 갖추지 않으면 안 된다.

운동선수가 운동 전에 반드시 스트레칭을 하는 것처럼, 혹은 궁술에서 활시위를 당기기 전까지의 자세가 중요한 것처럼, 브레인 애슬리트에게는 의식을 정돈하는 것이 기본자세다. 그것이 잘 안 되면 의식은 전체를 내려다볼 수 있는 고도에까지 올라가지 못한다.

요즘 마인드풀니스(mindfulness, 마음챙김)가 인기다. 정확한 표현은 마인드풀이 아니라 마인드레스(less)여야 하겠지만, 이러한 현상의 원인은 정보 과다 사회에서 '흐트러진 자신'을 어떻게든 하고 싶다는 잠재적 욕구 때문일 것이다.

일반적으로 득도의 세계에서 마인드란 자아를 말하며, 의식을 정돈함으로써 마인드에 집중하는 작업이 선(禪)과 명상이다. 정의야 어쨌든 그러한 자아에 일부나마 집중하는 작업은 매우 효과적이다.

의식을 정돈하는 가장 간단한 방법은 호흡법이다.

나는 생각하는 일에 착수하기 앞서 항상 호흡을 고른다. 유튜브에서 5~6분짜리 하타요가 호흡법 동영상을 틀어놓고 그것에 맞춰 호흡을 고르고, 자아(마인드)에서 노이즈를 제거한다.

가장 생산성이 높은 일은 '본질을 꿰뚫는 판단을 하는 것'이며, 차분하게 정돈된 의식으로 판단의 질을 높인다.

본질에 도달하기 위해서는 '통찰력'이 필수

의식이 갖추어졌으면 구체적으로 생각하기 작업에 들어간다.

마치 의식이라는 이름의 드론을 상공에 서서히 띄우는 느낌으로, 실제로는 시공간의 폭을 넓히면서 대상의 아주 깊숙한 면을 살피는 입체적이고 복잡한 작업이다.

사실 이러한 프로세스는 언어화하기가 쉽지 않다. 직원이나 동료 앞에서 혹은 기업 연수 중에 손짓, 발짓해가며 설명해도 다들 어리둥절해 할 뿐, 의식의 움직임은 전달하기가 어렵다. 수개월을 함께 지내며 직접 보고, 스스로 경험하고, 생각해낸 결과물을 첨삭하는 도제식 방법이 아니면 전달할 수 없다. 그런 연유로 많은 사람이 이 단계에서 좌절한다.

'추상화해야 한다', '전체상을 파악해야 한다'는 사실을 알면서도 쉽게 실천하지 못하는 것은, 추상화하는 작업이 선처럼 가늘고 길게 연결된 논리적인 작업이 아니라 통찰적이고 형이상적(이념적)인 작업이기 때문이다. 따라서 해야 할 일은 **의식을 가능한 한 높은 차원으로 보내는 것**이다.

업무의 상위개념은 부서, 그 위는 회사다. 이처럼 눈에 보이는 연쇄는 이해하기 쉽다. 하지만 지구환경이나 화폐·경제, 20년 후의 내 모습까지 생각하려면 끈기를 가지고 단련하는 수밖에 없다.

논리적인 사람일수록 추상화하는 능력이 뛰어날 것 같지만 사실 그렇지도 않다. '이미징하는 능력(우뇌)'과 '로지컬 씽킹(좌뇌)'이 모두 있어야 대상의 본질에 도달할 수 있다.

희대의 전략가 클라우제비츠는 《전쟁론》에서 다음과 같이 말했다.

"논리적으로 이끌어낸 결과는 어디까지나 '판단을 돕는 도구'로서 활용해야 한다. 지성의 활동은 논리학이나 수학 같은 정확한 과학의 영역을 넘어 가장 넓은 의미로서의 **예술의 영역에 들어간다.** 여기에서 말하는 예술이란 수많은 사상이나 관계 속에서 결정적으로 중요한 것을 판단력을 이용하여 발견해내는 기능이다. 두말할 필요도 없이 판단력에는 모든 힘과 관계를 본능적으로 비교하는 능력이 포함되어 있다. 그것은 관련성이나 중요성이 낮은 것을 즉시 옆으로 밀어내고, 연역법에서는 불가능할 정도의 빠른 속도로 당면해 있는 가장 중요한 과제를 인식하는 것이다."

즉, 본질적인 사고는 좌뇌가 만들어내는 논리적 사고, 혹은 우뇌적인 직감력이나 창조력만으로 가능한 것이 아니라는 이야기다. 그것은 인간이 가진 좌뇌와 우뇌의 신비하고 미묘한 균형에 의해 발생하는 **통찰력**에 근거한다.

생각건대 '어째서 그러한가?'라는 논리적 의문에 대해 끊임없이 생각하고 항상 그러한 문제의식을 머릿속에 넣어두고 있으면, 마지막 순간에 대기하고 있던 우뇌가 움직이면서 영감을 가져다주는 것은 아닐까.

추상화나 전체상을 파악하는 것에 대해 이야기할 때 회사 생활을 오래 한 사람들은 곧잘 '지식이나 경험이 쌓이면 눈앞의 일뿐만 아니라 옆부서나 회사 전체, 업계 전반에도 눈이 가게 되어 있고, 그것이 회사원으로서의 성장이다'라고 말한다.

물론 맞는 말이지만 너무 느긋한 이야기로 들린다. 눈에 띄는 성과를 내고 싶다면(빨리 성장하고 싶다, 혹은 이노베이션을 일으키고 싶다) 스파르타식 브레인 트레이닝(두뇌 근육 트레이닝)을 한다는 생각으로 **'메타적인 시점 갖기'**, '사물의 뒷면을 들여다보기' 등을 꾸준히 실천해야 한다.

사물을 생각할 때 도움이 되는 4가지 툴

단순히 의식을 컨트롤하고 이리저리 움직여서 전체를 바라보고 추상화하자고 말한들, 메타적인 시점을 갖고 있지 않다면 소용이 없다.

여기서 생각하는 힘을 키우는 데 도움이 될 만한 보조 툴을 소개하려고 한다. 구체적으로 말하자면 사물을 분해하기 위한 툴과 사물의 관계를 생각하기 위한 툴이다.

사물의 관계성을 생각하는 데 있어서 강력한 무기가 되는 것이 전체를 적절하게 나누는 기술, 즉 사물의 분류법이다.

회의에서 토론이 얽히고설켜 있을 때 핵심을 짚어내는 발언을 하는 사람이 있는데, 그런 사람은 두뇌 회전이 빠르다기보다는 들어오는 정보를 그 자리에서 정확하게 정리하는 비법을 알고 있는 것이다.

그 비법을 익히려면 어떻게 해야 할까?

효과적인 방법의 하나는 비즈니스 세계에서 자주 등장하는 MECE다.

'MECE'로 사물을 정리한다

MECE는 Mutually Exclusive and Collectively Exhaustive의 앞글자를 딴 단어로, **'상호 배타적이지만 그것이 모였을 때는 세상 모든 것을 포괄한다'**라는 의미다. 빠짐없이 그리고 겹치는 것 없이 정보를 구분하는 방법이며 마케팅이나 비즈니스 전략용어로서 자주 사용되는 방법이기도 하다. 인터넷에 검색하면 많은 사례가 나온다.

우리 같은 비즈니스 종사자는 매일 다양한 과제해결을 도모한다. 그런 과제는 복잡하게 문제가 얽혀 있는 케이스가 많은데, 각각을 작은 요소로 세분화하여 심플하게 만들면 더욱 집중하여 해결책을 검토할 수 있다. 이것이 '구조화'고 이런 구조화의 지침이 되는 것이 MECE다.

만약 정보가 중복되어 있거나 빈틈이 있으면 전체상을 제대로 파악할 수 없기 때문에 올바른 판단을 내리지 못할 가능성이 있다. 효율도 나빠질 것이다. 하지만 MECE를 사용하여 생각하는 습관을 들이면 사고에 빈틈이 사라지고 문제를 빠르게 해결할 수 있다.

'이항대립'으로 사물을 올바르게 구분한다

사물 전체를 올바르게 구분하기 위해서는 사물을 생각할 때 항상 '페어(pair)'를 상기하고, 그 상대에 대해 생각한다. 페어가 되는 것을 **이항대립**이라고 부른다. '추상과 구체', '장기적과 단기적', '효율과 효과', '인풋과 아웃풋', '양과 질', '입구와 출구' 등이 있다(도표 15).

이러한 보편적인 이항대립을 머릿속에 넣어두면 분해 능력이 비약적으로 향상된다.

페어를 상기하는 데 익숙해지면 대립하는 내용을 자연히 떠올리게 되므로 자동적으로 한 단계 높은 차원에서 대상을 받아들이는 것이 가능해진다. 이항대립은 생각하는 힘을 키우려는 사람에게 기본 중의 기본이며 이것이 없으면 일을 할 수 없다.

참고로 내가 항상 사용하는 이항대립은 두 가지다. '목적과 수단', 그리고 '원인과 결과'다.

이항대립은 '선과 악', '중요와 비중요' 같은 가치개념의 대립은 포함하지 않으므로 대상을 공평하게 구분하는 것이 가능하다.

1. 목적과 수단

이 구분 방법이 도움이 되는 이유는 두 가지다.

하나는 '목적은 더욱 상위에 있는 목적의 수단이 된다'라는 법칙이 성

도표 15　알아두면 편리한 이항대립

원인/결과	주체/객체
단기적/장기적	High/Low
양/질	넓이/깊이
효율성/효과성	부분/전체
과거/미래	가치/가격
정량적/정성적	제어 가능/제어 불가능
해야 할까?/할 수 있을까?	구체적/추상적
콘텍스트(문맥)/콘텐츠(내용)	속성(특징)/지향(사고방식)
이론/실천	개별/공통
투자/효과	다양성/통일성
목적/수단	사적(Private)/공적(Public)
인풋(투자)/아웃풋(회수)	진화/감퇴
최초/최후	다각화/집중화
상대적/절대적	경쟁/공동창조
자신/타인	사업부제도/기능조직
Shrink(축소)/Grow(성장)	이기적/이타적
매상/비용	의무/권리
직접적/간접적	비관/낙관
구심력/원심력	Mental(정신)/Physical(육체)
육체/영혼	차변/대변
고정/변동	성장 욕구/결핍 욕구
인격/능력	파이의 확대/파이의 분배
계획/실행	경제성/실현성
우뇌/좌뇌	손실과 이득/좋음과 싫음
잠재/현재	남/여
자동/타동	완/급
추진력/방향성	당근/채찍
주관/객관	하드/소프트

립하기 때문이다. 즉, 대상을 봤을 때 '이것이 수단이라면, 목적은 무엇인가?'라는 의문이 생긴다.

또 하나의 이유는 '수단은 항상 대체 가능하다'라는 법칙이다. 어떤 수단을 시도하여 만에 하나 제대로 해결되지 않는다고 해도 이항대립의 사고방식을 통해 다른 수단을 상정해두면 혹시 모를 상황에 대비할 수 있다.

2. 원인과 결과

대부분의 사람이 '결과'만 보지만, 본질적인 과제는 항상 '원인'에 있다. 예를 들어 이번 분기의 매출이 전년 대비 30% 늘어난 200억 원이라고 해도 다음 분기의 매출이 250억 원이 되리라는 법은 없다. 200억 원은 결과이며 그 숫자로 이어진 원인은 무언가의 구조에 있다. 만약 다음 분기에 250억 원을 목표로 하고 싶다면 분석해야 할 것은 원인이 되는 구조이며, 그 구조를 밝혀낸 뒤에 그것이 다음 분기에도 통용될지 분석해야 한다(도표 16).

세계 최고의 투자가인 워런 버핏은 '주식투자의 비법은 무엇인가?'라는 질문에 이렇게 답했다.

"저는 투자라는 분야에서 수학에 대한 지식의 필요성을 느끼지 못합

도표 16　인과 매트릭스

- 기업 가치 평가의 본질은 가치의 '원천'을 간파하는 것
- 미래의 '가치를 만들어내는 구조'의 본질을 파악하여 그 가치를 측정하는 것이 진정한 기업 가치 평가

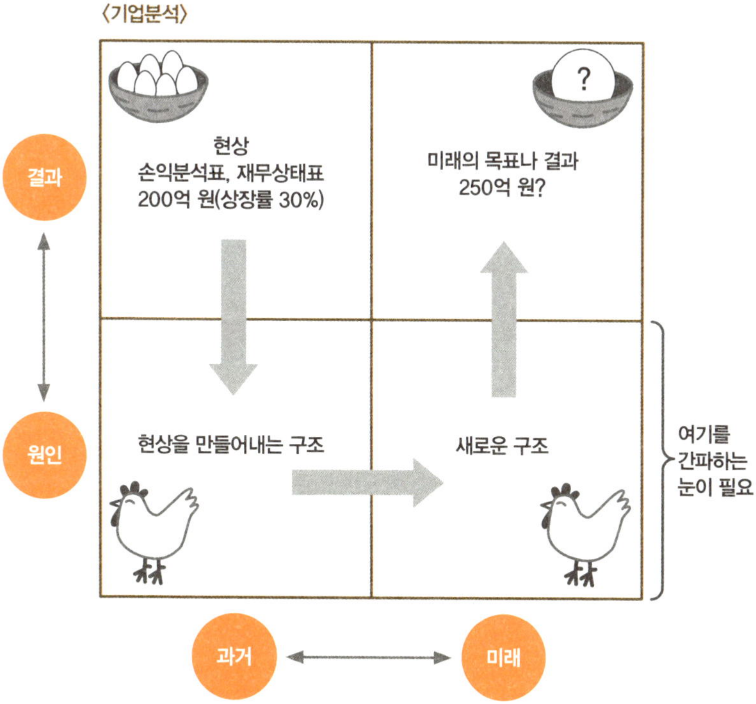

〈기업분석〉

	과거	미래
결과	현상 손익분석표, 재무상태표 200억 원(상장률 30%)	미래의 목표나 결과 250억 원?
원인	현상을 만들어내는 구조	새로운 구조

여기를 간파하는 눈이 필요

니다. 기업 가치의 원천을 찾아내는 것만이 저의 일입니다."

세상의 증권맨들이 결과를 가지고 복잡한 전문용어를 사용하여 필사적으로 고객에게 주식을 팔려고 노력하고 있을 때, 버핏은 원인을 살피며 '다음 분기에 이 닭은 달걀을 얼마나 낳을 것인가?'를 생각한다.

'로직트리'로 사물을 분해·정리한다

MECE, 이항대립에 이어 소개할 툴은 모두가 잘 알고 있는 로직트리다.

로직트리는 각각의 사물을 분해·정리하기 위한 툴이다. 문제에 구조를 입히는 분해표기법이라고도 말할 수 있다. 시중에 로직트리에 대한 책이 많이 나와 있으므로 참고하기 바란다.

여기에서는 로직트리의 작성 방법에 대해 정리해두었다(도표 17).

예를 들어 도표 18의 A에 '저출산 문제'가 들어간다면 B~M에는 무엇이 들어갈지 생각해보길 바란다. B~E는 5분 이내, F~I는 10분 이내에 답할 수 있다면 합격이다(정답 예시는 도표 19 참조).

도표 17   로직트리를 잘 만드는 방법

- 가능하다면 '두 가지'로 나눈다
- 두 가지로 나누었을 때 짝을 이루는 것을 항상 생각한다
- 보편적인 이항대립을 많이 알아둔다
- 떠오르는 구체적인 항목의 '이유'를 추상화, 개념화해본다
 (예: 자동차라면 디자인이나 소유욕 등)
- 머리가 혼란스럽다면 화장실이나 욕실에서 생각해본다
- '그것'과 '그것 이외'로 구분한다
- 구체적으로 해야 할 액션을 발견할 때까지 고민한다
- 개별적인 해결책과 함께 종합적인 해결책도 생각한다
- 확신이 없다면 타인과 비교해본다 (2~3종류의 로직트리를 만들어 서로 체크한다)

도표 18　로직트리

A가 다음과 같은 경우, B~M에는 무엇이 들어갈까?
- 저출산 문제
- 연금 문제

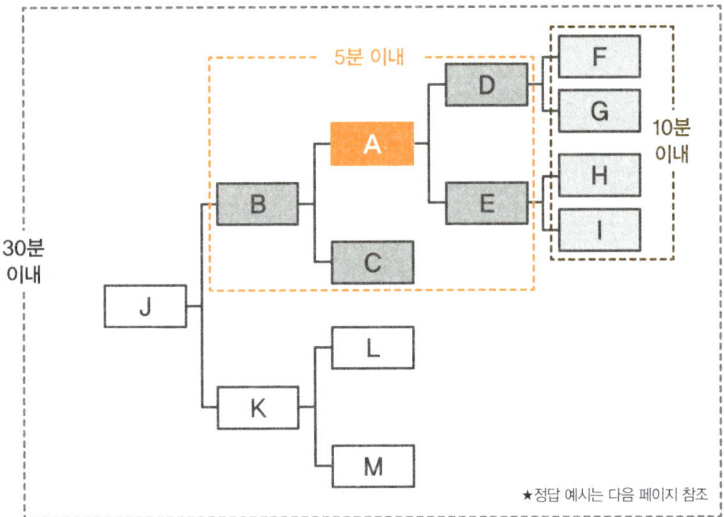

★정답 예시는 다음 페이지 참조

도표 19   로직트리의 정답 예시

저출산 문제

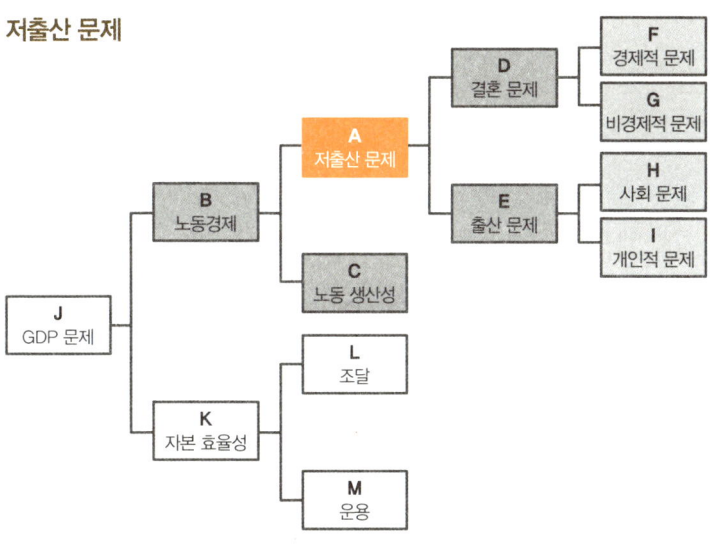

연금 문제

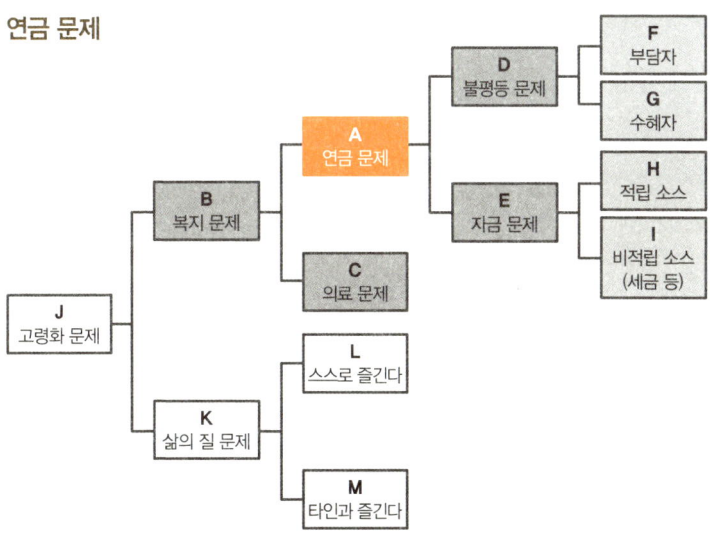

도표 20 부동산 투자 판단의 로직트리와 인과관계 맵

로직트리

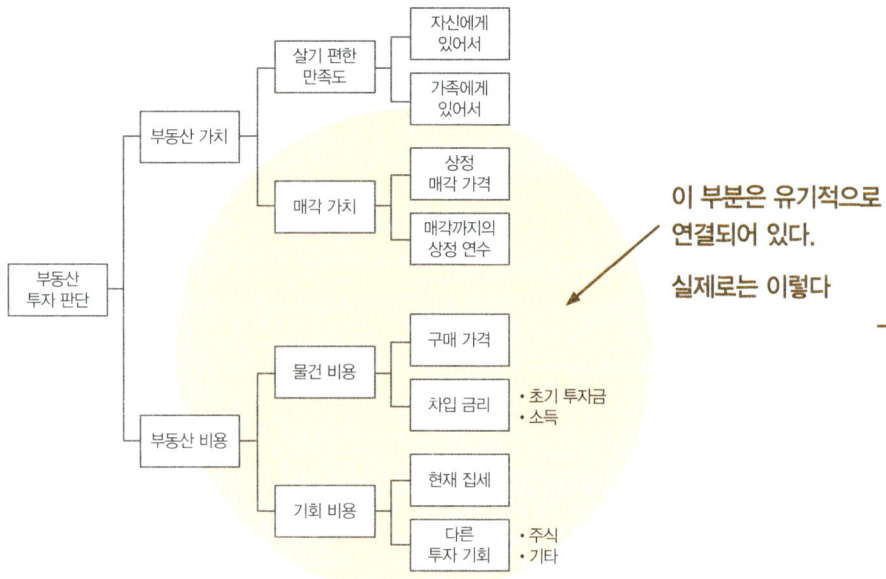

인과관계 맵

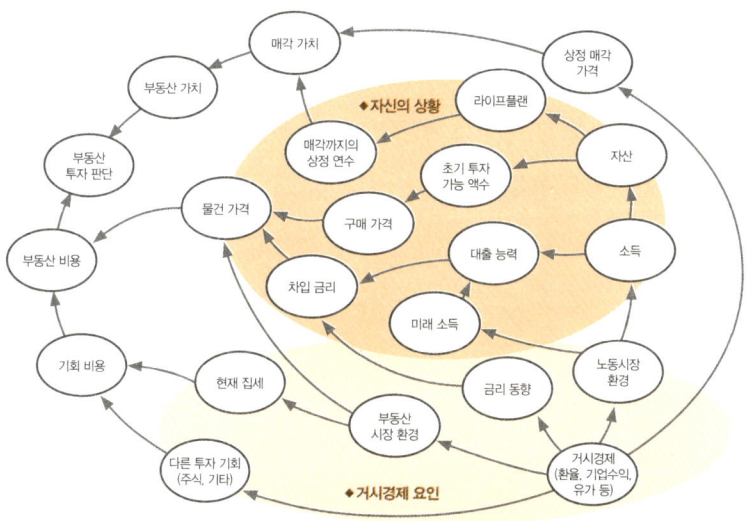

사물을 생각할 때 도움이 되는 4가지 툴

'인과관계 맵'으로 사물의 관계를 생각한다

로직트리는 사물을 분해할 때는 유용하지만 개별 사물의 관계를 정리하는 데에는 적당하지 않다. 여기서 등장하는 것이 인과관계 맵이다.

 같은 테마라도 도표 20의 좌측처럼 로직트리로 정리하는 것과 우측처럼 인과관계 맵으로 정리하는 것에는 차이가 있다.

 로직트리는 구조를 분해하는 데 도움이 되지만 인과관계 맵은 **사물의 순환·흐름을 밝히는 것이 가능하다.**

 사물은 분절되지 않고 유기적으로 연결되어 있다. 그것을 명시적으로 나타내는 것이 인과관계 맵이다. 인과관계를 그릴 수 있게 되면 더욱 깊은 단계에서 생각을 이끌어내는 것이 가능해진다.

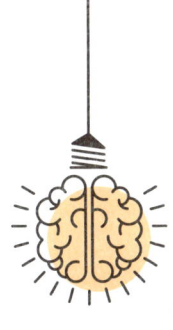

미래를 내다보는
생각하는 힘의 철학

모든 것은 분리된 것처럼 보이지만 이어져 있다

앞서 사물은 유기적으로 이어져 있다고 이야기했는데, 내 사고방식의 근본에 있는 콘셉트는 '모든 것은 분리된 것처럼 보이지만 유기적 연결고리가 있다'라는 것이다. 원네스(oneness, 일체)의 증명은 내 평생에 걸쳐서 해야 할 일이라고 생각한다.

뉴욕의 메트로폴리탄 미술관이 흥미로운 이유는 단지 개별 미술품이 아름다워서가 아니다. 이집트, 아시리아, 그리스와 헬레니즘으로 이어지는 각각의 미술품이 어떤 종의 유사성이나 연속성을 갖고 계승되었다는 것을 전체를 통해 알 수 있는 구조로 되어 있기 때문이다.

내가 흥미를 느끼는 부분은 개체가 아니라 개체와 개체 사이의 유기적인 관계다. 따라서 사물을 넓은 시야로 바라보면서 관계성을 파악하기 위해 노력한다.

만약 무언가에 고집을 부리고 몰입해 있다면 그 사실을 자각해야 한다. 흥미의 대상은 항상 변화하고 개체와 개체 사이를 오간다.

무언가를 해결하고자 할 때 각각의 요소를 분해하여 개별적으로 이해하는 것도 중요하지만, '**모든 문제는 유기적으로 이어져 있으므로 문제의 본질은 더욱 근본적인 곳에 있다**'라고 생각하는 것이 중요하다. '그것은 독립된 것이다'라며 별개로 여겨지는 것이 있다면 아직 더 생각할 여지가 남아 있는 상태라고 판단할 수 있다.

'모나리자', '최후의 만찬' 등을 그린 레오나르도 다빈치는 화가로 잘 알려져 있지만 그가 남긴 업적은 천문학, 건축학, 해부학, 물리학 등 여러 방면에 걸쳐 있다. 사람들은 그를 '만능인(uomo universale)'이라고 부르지만, 그것은 잘못된 호칭이다.

그의 재능은 오로지 **생각의 폭**에 있다. 그는 예술도 인간의 골격도 헬리콥터의 개념도 모두 같은 선상에 두었다. 그 가운데 사회에서 받아들여진 것이 예술일 뿐이었다.

세계적으로 실력을 인정받은 영화감독 기타노 다케시도 그렇다. 여전히 그의 창작을 두고 '코미디언이 왜 이런 일까지 하는 거지?'라고 생각하는 사람도 있지만, 그에게는 코미디도 그림도 영화도 소설도 모두 이어져 있다.

코미디라는 그릇만으로는 도저히 그의 세계관을 담아낼 수 없어서 그림도 그리고 영화도 찍고 소설 같은 창작 활동에도 열중하고 있는 것이다. 그가 활동을 시작했을 시점에는 코미디라는 출구밖에 없었으므로 '코미디언'이라는 이미지가 정착해버렸을 뿐이다.

이처럼 **사회에 받아들여질 때 아웃풋의 일부만 평가된다**는 점은 참으로 안타까운 부분이다. 다빈치는 르네상스 시대의 템페라화, 기타노 다케시는 1980년대의 텔레비전과 라디오만으로 평가받았다.

'모든 것은 유기적 연결고리를 가지며 만물은 하나로 귀결한다'라는 원네스 철학을 받아들이면 시야가 저절로 넓어지고 사물의 배경에 있는 연결고리(인과관계)를 찾고자 하는 의식이 작용한다.

세상 속 유기성을 무시하면 사회의 무기화(분해)가 가속된다. 분해하는 것으로 효율이 높아질지 모르지만 이노베이션은 일어나지 않는다. 단지 오퍼레이션을 개선하는 것에 불과하다. 그것만으로는 본질적인 문제를 해결할 수 없다.

가치 창조는 분해한 조각을 결합했을 때 생겨난다.

기업만 봐도 영업부, 개발부, 기획부 등 부서별로 분단된 틀 안에서만 논의가 이루어진다. 그렇게 해서는 이노베이션이 일어나지 않는다. 본래 그것을 결합하는 것이 경영자의 역할이지만 전체의 움직임을 보는 빅 픽처(big picture)를 가진 경영자는 많지 않다.

그동안 사고이론의 큰 흐름은 효율화(ROE 등)와 요소 환원, 그리고 빅 픽처가 거의 동등한 취급을 받으며 '세 가지 중요한 요소'로 여겨져 왔다. 하지만 그 가치는 떨어졌다.

진짜 중요한 것은 생각하는 힘을 통해 전체상을 파악하는 문제해결 방법이다.

구체적으로 말하자면 '모든 것은 나선형으로 생성·발전하고 있다'라고 생각하는 것이다.

모든 것이 나선형으로 발전한다는 전제를 세워두면 과거의 사상·현재의 상태로부터 어떤 방향으로 나아갈지, 어떤 레벨로 상승·진화할지 통찰할 수 있다(도표 21). 이것은 미래를 예측하기 위한 중요한 단서가 된다.

최종적으로 생각을 멈춰본다

집중하여 생각한 후에는 **'생각을 잠시 멈춰보는 것'이 중요**하다.

나는 생각하는 과정을 완전히 그만둔 후에 답이 떠오른 것을 경험한 적이 있다. 생각에 생각을 거듭하다가 생각을 멈췄을 때 저절로 답이

도표 21 문제해결과 과거의 고찰

- 현재뿐만 아니라 역사를 돌아본다
- 현재 위치를 분명히 파악하고, 그것을 통해 통찰된 미래를 이야기한다

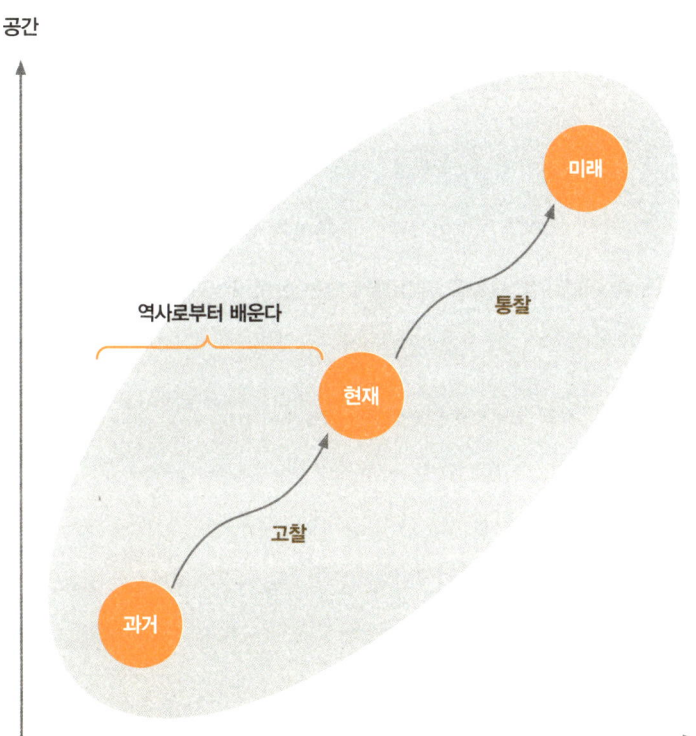

떠오른 것이다.

그런 면에서 본질적인 답은 처음부터 '존재'했던 것일지도 모른다. 그리고 그것에 대해 '깨달음'을 얻는 것이 더욱 중요하다고 여기게 되었다.

나는 항상 이러한 사고 철학으로 사물을 생각하려고 노력한다.

생각하는 과정은 힘든 작업이다. 그런데도 계속해서 생각이라는 작업을 해나가는 것은 일종의 '의지'라고 할 수 있다.

정보의 흐름을 거스르고 자신의 두뇌를 사용하여 전제와 상식에 저항하는 의지야말로 이 시대에 요구되는 리터러시(읽고 쓸 줄 아는 능력)다. 생각하는 의지와 노력이야말로 하루하루 굳어져가는 고정관념을 향한 마지막 저항이자 세상을 자유롭게 하는 날갯짓이다.

3장

2020년 이후 세계에서 살아남기 위한 방법을 생각한다

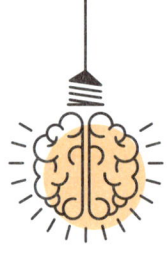

2020년 이후의 세계

지금껏 '생각하는 행위'에 대해 이야기했다.

3장에서는 구체적인 테마에 초점을 맞춰 그 변화의 본질을 생각해보려고 한다. 테마로 삼는 것은 우리의 생활이나 커리어에 직접적으로 영향을 미치는 2020년 이후의 사회·돈·일·개인에 대한 의식 변화의 본질이다.

일본의 경우 2020년 도쿄올림픽을 경계로 큰 변화가 예상된다. 올림픽 전까지는 1960년대부터 만들어온 기존의 사회시스템과 산업을 어떻게든 보존하려고 할 것이다. 하지만 그것도 올림픽 이후인 2022년부터

2023년에 걸쳐 붕괴해간다. 신구체제(사회시스템과 산업)의 교체가 일어나는 시점은 2025년 이후로 예상한다(도표 22).

네 가지 테마는 복잡하게 얽혀 있다. 사회와 개인은 대립적인 개념이고 개인은 일을 통해 돈을 번다. 돈은 사회의 공통언어이며 개인이 살아가기 위한 최소한의 자금이다.

2020년 이후 세계는 이렇게 된다

앞으로의 세계는 어떻게 변화할까? 요점을 간추려 보면 다음과 같다.

우선 사회에 개인의 인생을 끼워 맞추던 시대는 끝난다. 국가라는 단일사회는 용해되어 몇 개의 커뮤니티로 분화한다. 사람들은 자신이 쾌적하게 생활할 수 있는 커뮤니티에 소속되어 그곳에 스며든다. 한 명이 복수의 커뮤니티에 소속되는 것이 당연해진다. 개개인이 마치 복수의 인격을 갖고 있었다는 듯 각 공동체 속에 녹아든다(도표 23).

개인은 사회라는 존재에 대해 냉담해진다. 사회와의 관계에 있어서는 최소한의 몫만 하면 된다고 여긴다.

커뮤니티는 기본적으로 수평사회다. 그곳의 언어는 돈이 아니라 가치관이나 신용, 공헌, 품위다. 돈은 수직사회의 언어로 남아 있지만 수평사회(커뮤니티) 속에서는 통용하지 않는다. **돈은 주로 가치관이나 스타일이 다른 커뮤니티와 커뮤니티 사이의 언어로 사용된다.** 그리고 커뮤니티

도표 22 2020년 이후의 동향 예측

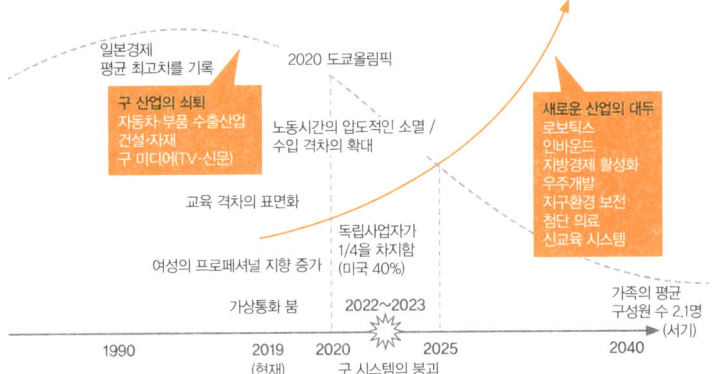

	1990 ~ 2019	2020 ~ 2025	2026 ~ 2040
일	여성의 프로페셔널 지향의 증가	노동시간의 압도적인 소멸, 수입 격차의 확대	독립사업자가 1/4을 차지함(미국 40%)
돈	가상통화 붐(비트코인 등)	디지털통화, 시간통화, 개인의 신용통화 등의 출현	아시아, 세계 통일 통화, 글로벌한 증여경제
재정	중앙은행의 금융정책 실패로 경제 혼란	부채 탕감정책, 강제징수 또는 전쟁	장기정체 또는 디폴트, 컨소시엄으로 병합
사회	SNS에서 CNS (Credit Network Society)로	작은 커뮤니티의 난립	완고한 지역공동체와 글로벌한 가치관공동체의 양립
결혼·가족	공·의존관계에서 주체적 파트너십으로	여성의 8%가 경제적 자립, 가정관리비용의 극적인 저하	가족의 평균 구성원 수 2명
수도	개발 버블	'보증된' 시장으로 자리매김	개발 버블의 역풍, 메트로폴리탄화에 따른 문제(이민 등) 대처
지방	지방재생 붐	행정 대행 비즈니스 (납세·경찰·사회보험)와 금융	블록형 도시국가(5~13개국)로
가치관	승인 욕구 버블의 붕괴	성장 욕구가 니즈의 중심으로	창조 욕구가 니즈의 중심으로
교육	교육 격차의 표면화	공교육개혁의 흐름, 원격·장소·여행이라는 3가지 방법	12세 전까지 인생 커리어를 결정하는 구조로
산업	벤처 붐 종언	정부가 신산업 창조에 힘씀	건강과학, 지구 환경학, 감시 시스템과 시큐리티·보험 서비스, 로보틱스, 우주 개발

도표 23 사회와 돈, 일, 개인은 융합한다

〈2019년 이전〉

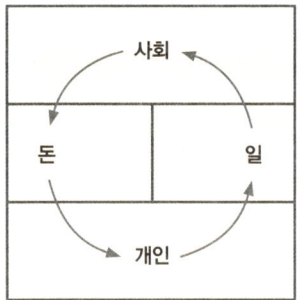

- '소사이어티'에서 '커뮤니티'로
- '돈'에서 '신용'으로
- 일은 '노동'에서 커뮤니티를 위한 '공헌'으로
- '개인'보다는 개인과 개인 간의 '관계'로

〈2020년 이후〉

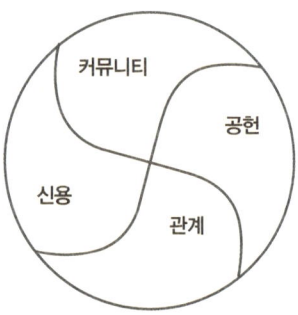

는 진화하여 독자적인 법률과 규칙을 갖는다.

한편 개인과 일은 결합한다. 일은 개인의 천재성을 주변 환경에 맞추는 작업이 되어간다. 일의 정의는 노동에서 커뮤니티를 위한 '공헌'으로 변화한다. 상대의 감정을 지각하는 능력이 존중받는다.

일과 노동시간은 가치나 공헌에 비례하지 않는다. 누군가에게 무엇을 어떻게 제공할지 합치하기만 한다면 단시간이라도 큰 공헌이 된다. 더욱이 아무 일도 하지 않고 존재하는 것만으로 공헌하는 사람도 있다. 사람들이 일을 통해 커뮤니티에 공헌함에 따라 커뮤니티는 '공동체'에서 '경제체'로 진화하고, 외부적으로도 가치 창조(공헌)를 하게 되면서 더욱 발전하게 된다. 커뮤니티가 수익을 창출하고 신흥 커뮤니티가 독자적인 통화를 발행한다.

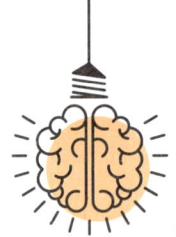

돈은 앞으로 어떻게 변화할까?

돈은 신용으로 회귀한다

지금부터 구체적으로 돈·사회·일·개인의 변화에 대해 이야기하겠다.

우선 돈이 앞으로 어떻게 변화해갈지 생각해보자.

2018년에는 가상통화가 열풍을 일으켰다. 그로 인해 손해를 본 사람도 이익을 본 사람도 있겠지만 그런 것은 중요한 문제가 아니다. 본질은 돈 자체의 정의가 새롭게 제기되었다는 사실에 있다.

많은 사람이 '돈이란 대체 무엇인가?'에 대해 생각했다. 이제껏 달러나 원이 돈이라고 생각해왔는데, 가상통화라는 새로운 돈의 출현으로 돈의 개념을 다시 생각하려는 흐름이 생긴 것이다. 이것이 가장 중요한 변화다.

돈이란 '외부화된 신용'을 말한다. 신용이 있는 모체가 발행함으로써 유통 가능해진 산물이다.

돈의 역사를 들여다보면 돈이 없는 시대는 '기장(記帳)'이 경제 거래의 중심이었다. 기장이란 주고받은 것을 서로 기록해두는 행위다.

곧 부(富)의 담보를 가진 사람이나 조직, 국가가 그 신용을 외부화하기 시작했다. 금속화폐와 지폐를 발행하면서 현대의 돈의 구조가 성립되었다. 국가로서 돈을 발행한 최초의 중앙은행은 영국은행이라고 알려져 있는데, 그 역사는 300년 정도에 불과하다. 국가가 돈의 신용을 담보한다는 모델은 영원히 유지될 만큼 보편적인 구조는 아니다.

현재 일어나고 있는 국가의 쇠락, 월등히 높은 신용을 가진 개인이나 기업의 대두, 알고리즘을 신용 보전의 기반으로 하는 블록체인 등의 출현으로 인해 조만간 국가가 발행하는 돈은 가치의 중심에서 멀어질 가능성이 있다.

그뿐 아니라 인간이 경제활동을 통해 얻고자 하는 것이 물이나 식료품 같은 소비재에서 타인의 인정, 타인과의 교류·관계의 구축으로 그 중심이 옮겨간다면 돈은 사용하기 힘든 가치 교환 수단으로 전락해버릴지도 모른다.

인간이나 시스템의 평가에 따라 할 수 있는 일, 어울리는 사람이 결정되는 시대에서 돈 자체의 중요성은 낮아질 것이다.

지금이야말로 돈의 본질을 다시 생각해야 할 시점이다.

'돈'보다 '신용'을 쌓는다

돈과 신용의 관계에 관해 더욱 깊이 들어가보자.

앞서 말했듯 21세기는 개인이 돈을 대신할 만한 신용을 만드는 시대다. 그것은 신용주의 경제라고 말할 수 있다.

신용주의 경제를 향한 움직임은 이미 일어나고 있다. 집을 빌리기 위해 부동산 중개소에 가고, 차를 사기 위해 자동차 대리점에 가고, 가구를 사기 위해 가구점에 가는 것은 지금의 세기를 살아가는 방식이 아니다. 집도 차도 가구도 사적인 네트워크를 통해 손에 넣을 수 있다.

일본 전 지역의 공실률은 25%, 승용차는 6,000만 대에 달하며 이 숫자는 10년 전과 변함이 없다. 즉, 세상에는 이미 물건이 남아돈다는 뜻이다. 500만 원짜리 침대도 1,000만 원짜리 자동차도 지식을 가지고 열심히 찾아본다면 개인 간 거래 어플리케이션에서 100만 원 정도에 손에 넣을 수 있다.

참고로 나는 2018년 6월까지 도쿄와 나가노현의 가루이자와를 거점으로 생활했는데, 가루이자와에 있는 집은 지인에게 파격적인 가격으로 빌려서 살았다.

이처럼 날이 갈수록 굳이 매장까지 가서 돈을 내고 물건이나 서비스를 살 필요가 없어지고 있다. 직접 매장에 가서 살 필요가 있는 것은 생필품뿐이다. 꼭 필요한 것을 꼽자면 교통기관 정도로, 중앙은행 통화를 거치지 않고 서로 가치를 교환하는 정도가 급격하게 늘고 있다.

이러한 변화를 모르는 사람일수록 돈에 집착하는데, 그것은 구시대의 패러다임이다. 크라우드 펀딩이나 VALU 등 신용을 현금화하는 툴이 생겨나고 그것을 누구나 손쉽게 사용할 수 있게 된 현시점에서, 돈을 모으기보다 **신용을 쌓는 편이 효과적임**은 자명해 보인다.

덧붙여서 설명하자면 크라우드 펀딩은 발안자가 제안한 프로젝트에 대해 참여자가 돈을 투자하는 구조다. VALU란 개인이 모의주식을 발행하여 온라인상에서 판매할 수 있는 시스템을 말한다. 유저는 VALU라고 부르는 모의주식을 가상통화(비트코인)로 발행하여 다른 유저에게 판매함으로써 자금을 조달할 수 있다.

일찍이 신용은 하나의 마을이나 커뮤니티에서만 유통할 수 있었지만 지금은 세계 어디에서든 유통한다. 이런 변화를 깨달아야 한다.

21세기에는 일시적인 평가나 일확천금을 좇을 것이 아니라 **네트워크를 넓히고 그 안에 신용을 촘촘히 짜 넣는 일**에 힘써야 한다.

랭킹사회에서 인간의 시가총액이 결정된다

나는 《어째서 고흐는 가난하고 피카소는 부자가 됐을까?》에서 SNS는 개인의 신용 등급을 매기는 인프라가 된다고 썼는데, 그 말이 현실이 되었다. **팔로워 수와 관계의 밀도는 표준편차로 환산되어 개인의 시가총액과 시간단가의 계산에 사용된다.**

엄밀히 말하면 신용과 돈 사이에는 '팔로워'라는 존재가 있다. 유튜버를 시작으로 이른바 팔로워 경제가 바로 그것인데, 대학 입학시험에 탈락 기준이 있듯 '팔로워 수가 5,000명 이상이 되지 않으면 이벤트에 참가할 수 없다'는 식의 기준을, 앞으로 다양한 상황에서 보게 될 것이다. 말하자면 모두가 '상장'해 있는 시대라고 할 수 있다.

페이스북이나 트위터, 인스타그램, 기타 SNS 등을 포함하여 **개인의 신용이 가시화된 사회에서는 참여하는 사람 모두에게 '주가'가 붙는다.** '평가'가 아닌 '주가'라고 표현한 것은 '주가(=신용)'는 '평가(=가치)'를 쌓아 올린 것이기 때문이다. 주식을 자산으로 여기듯 **개인의 신용은 한없이 돈에 가까운 존재가 된다.**

다시 한 번 말하지만, 신용주의사회에서는 돈이 아니라 **가치와 신용을 창조하는 능력**이 중요하다.

돈은 신용 부채를 떠안고 만든 것일 수도 있기 때문에 단순히 돈만 있으면 행복하다는 논리는 성립되지 않는다.

게다가 가치와 신용의 창조는 돈을 벌기보다 어렵다. 따라서 **'화폐화' 하지 않은 부분을 포함한 신용잔고를 반드시 고려해야 한다.**

돈을 벌어들이는 것은 기지와 운이지만, 사용할 때 필요한 것은 품격이다. 세계 부호 순위에 항상 등장하는 빌 게이츠는 폴리오(급성 회백수염) 박멸을 약속했고, 마크 저커버그는 재산의 99%를 사회에 환원하겠다고 밝혔다. 제프 베조스와 엘론 머스크는 우주 개발에 투자하고 있다.

이처럼 **돈을 쓰는 방법에 품격이 있기 때문에 그들은 신용을 얻는 것**이다.

'인연'은 '돈'보다 질기다

앞으로 우리의 신용잔고는 의식을 하든 안 하든 기록되어간다. 블로그는 개인의 이력서가 되고 인스타그램 팔로워 수, 인터넷 서점의 리뷰 등은 하나의 화폐 가치가 될 것이다. 이직 활동에서는 레퍼런스 체크가 당연해지고 신용이 있는 사람일수록 다양한 상황에서 혜택을 누리게 된다.

지금은 그 과도기이므로 다소 부작용이 따르는 것을 부정할 수 없다. 가령 단순히 팔로워 수가 많은 사람이 부를 얻는 '팔로워 경제'에 대해 의문을 품는 사람도 있을 것이다. '눈에 띄는 사람이 승자'라는 식의 경제는 신용주의 경제가 목표하는 바가 아니다.

다만 가까운 미래에 이러한 상황은 구글 같은 기업에 의해 바뀔 것이다. 현시점의 검색엔진은 팔로워가 많을수록 페이지랭크의 상위에 오르는 단순한 구조에 지나지 않지만, 만약 구글이 특정 개인과의 연결고리나 전문성 등을 바탕으로 신용성을 산출하도록 알고리즘을 바꾸면 '양'뿐만이 아니라 '질'이 문제시된다. 그 결과 팔로워 경제의 효과는 옅어지고, **그 사람의 본질적인 신용이 검색 결과로서 나타나게 될 것**이다.

'정보 검색엔진'이 아닌 '인재 검색엔진'의 등장이다.

그것은 프리랜서나 영세기업 경영자에게 위협이 되기도 한다. 만약 'M&A 컨설턴트'라고 검색했을 때 자신의 이름이 첫 페이지에 나오지 못하면 일을 따낼 가능성이 낮아진다. 그러므로 중요한 것은 개인 간의 신용이다.

인연은 돈보다 질기다. 이것은 사실이다.

돈을 버는 5가지 흐름

돈에 대해 더욱 깊이 생각하기 위해서는 먼저 돈이 생성되기까지의 구조를 이해할 필요가 있다.

돈은 크게 돈, 신용, 가치, 시간, 건강(에너지) 다섯 가지 층위로 구성되어 있다(도표 24).

'돈'이 가장 상위에 위치한다. 그 층을 받치고 있는 것이 '신용'이다.

도표 24 　돈의 5가지 레이어

- 돈이란 '돈, 신용, 가치'로 구성되는 광의로서의 돈과 그것을 뒷받침하는 자원인 '시간, 건강(에너지)'으로 성립된다

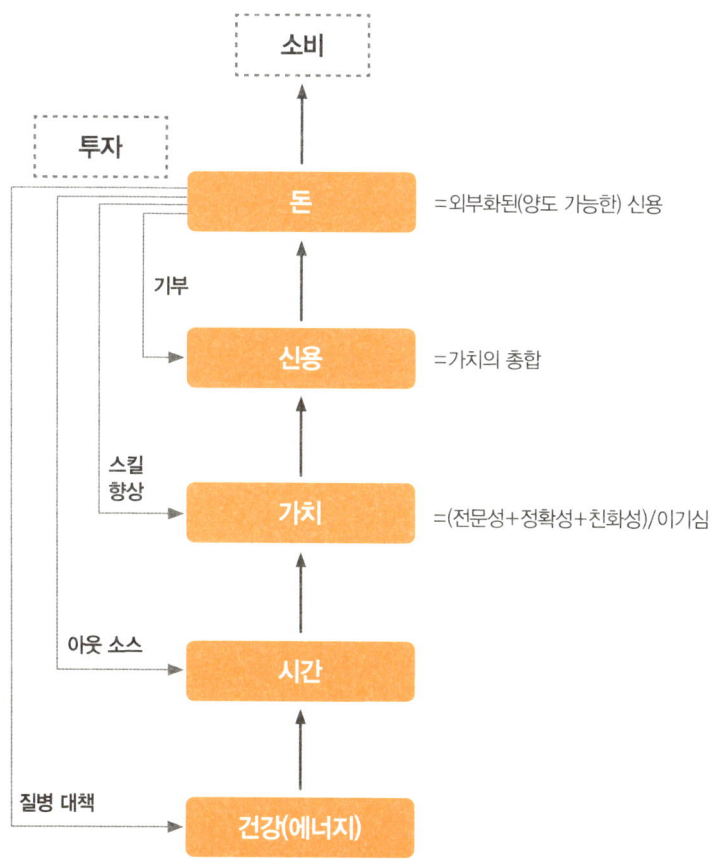

신용주의 경제는 돈을 버는 방법이 한정되어 있던 화폐경제와는 달리 **신용을 쌓는 방법이 무수히 많이 존재한다**는 점에서 흥미롭다. 말투나 품격, 교양, 외모, 서비스 정신 등 창조성을 발휘해야 할 때가 많다.

신용은 하루아침에 만들어지는 것이 아니다. 신용은 가치의 총합이며 가치가 손익계산서라면 신용은 재무상태표다. 따라서 '현금화 가능한 신용'을 늘리기 위해서는 틈틈이 가치를 쌓아 올릴 수밖에 없다.

세 번째 층의 '가치'를 만들어내는 방법에 대해서는 앞으로 자세히 이야기하겠지만, 인간이 가치를 창조하기 위해서는 무엇보다도 '시간'이 필요하다. 그리고 그 '시간'의 양을 늘려서 밀도를 높이려면 '건강'에 유의하여 에너지를 모아두어야 한다. 건강해야 다양한 일을 생각할 여지가 생기기 때문이다.

돈이 돈을 번다는 고전적 돈벌이 구조가 사라지지는 않겠지만, 앞으로의 시대에는 **가치 창조에 대한 개개인의 능동적인 관여가 더욱 요구된**다. '건강이 최고의 자산'이라는 말처럼 **건강(에너지)이 돈이 되는 시대가** 오고 있다.

시간과 건강 모두 '돈, 신용, 가치'라는 3층 구조로 이루어진 광의의 돈을 뒷받침하는 '자원'이며, 그렇기 때문에 우리는 더욱 시간과 건강에 주의를 기울여야 한다.

'욕심이 없는 사람'일수록 신용을 얻는다

앞서 돈이란 외부화된 신용이라고 말했다. 돈은 신용을 숫자, 즉 유통 가능한 형태로 바꾼 것이다. 구체적인 사례로 크라우드 펀딩을 들 수 있다.

크라우드 펀딩에 돈을 투자하는 목적은 사람에 따라 다르겠지만 돈을 끌어모으는 것은 프로젝트 자체의 가치(구상력×실현력)와 프로젝트 발안자의 신용이다. 특히 프로젝트 발안자의 신용이 중요한데, **많은 사람에게 사랑받고 공감받고 공덕을 쌓아둔 사람일수록 자금을 모으기 쉽다.** 크라우드 펀딩은 신용을 돈으로 바꾸는 것이 가능하다는 사실을 보여주는 알기 쉬운 시스템 중 하나다.

물론 은행에서 융자를 받거나 투자자에게 출자를 받을 때도 그 사람의 신용을 따진다. 머지않아 개인이나 기업, 지역이 토큰이라는 형태로 통화를 발행하는 시대가 올 테지만 그 또한 신용이 있어야 가능한 이야기다.

즉, 신용을 토대로 하지 않으면 돈을 만들어낼 수 없다. 현대사회에서는 신용이라는 ATM에서 돈을 뽑아 쓰는 일이 점점 더 쉬워지고 있다. 5만 원의 밑바탕에는 국가의 신용(경제력×징세력)이 있다. 5만 원은 단순히 5만 원짜리 지폐로서 존재하는 것이 아니라 그것을 뒷받침하는 국가의 신용이 존재하고 있다는 뜻이다. 그것은 우리 개인도 마찬가지다.

돈은 신뢰를 기반으로 한다. **돈을 벌려면 먼저 신용을 쌓아야 한다.**

나는 2010년에 개인적인 사정으로 회사를 처분했다. 회사를 매각했기 때문에 수중에 현금은 남았지만, 그 이외의 모든 것을 잃고 커다란 상실감에 빠졌다.

그때부터 나는 철저하게 이기심을 버리고 다양한 안건이 날아들어도 기본적으로 돈을 청구하지 않는 생활을 3년 정도 지속했다. 사업 상담을 부탁받으면 무보수로 도와주었고 젊은 기업가에게 출자를 부탁받으면 파격적인 조건으로 돈을 내주었다. 우주 개발 사업, 유기농 식품, 해외 비즈니스 인턴십, 애니메이션 제작, 연극 극단, 로봇 사업 등 다양한 분야에 투자했다.

결과적으로 나는 무상 봉사를 통해 현금을 우선 '가치'로 교환하고, 그 '가치'를 쌓아 '신용잔고'를 늘렸다.

욕심을 버리면 사람은 신용을 얻는다. 그 결과 가루이자와의 집을 싸게 빌릴 수 있었고, 여행지에서 유용한 네트워크를 소개받거나 일상품을 물려받는 것도 가능했다.

나는 그것을 '신용 세탁'이라고 부르는데, 신용주의 경제로 가는 과도기에 있어서는 중요한 일이라고 생각한다. **신용을 돈으로 바꾸는 것은 간단해도 돈을 신용으로 바꾸는 것은 까다로운 일이기 때문이다.**

이기심을 줄이면 가치를 만들어낼 수 있다

신용은 가치의 집적으로 구축된다. 즉, **타인에게 얼마나 공헌해왔는지, 그 누적이 신용이라는 이름의 탱크에 집적된다.** 그것은 눈에 보일 때도 있고 보이지 않을 때도 있다. 예컨대 영업사원의 영업 성적이 그 해의 인사평가가 되고 그것이 급여나 상여금이라는 형태로 반영되는 구조를 생각해보면 이해가 쉬울 것이다.

이런 법칙은 프리랜서나 학생에게도 적용된다. **타인을 위한 공헌(가치 창조)의 축적이 신용이 된다.** 그 신용을 바탕으로 돈을 끌어내는 것이 가능해진다.

그렇다면 가치(공헌)는 어떤 형태로 평가할 수 있을까. 그것에도 방정식이 있다. **가치=(전문성+정확성+친화성)/이기심**이다.

'전문성'은 설명하지 않아도 잘 알 것이다. 나 같은 경우에는 기업분석이나 파이낸스 같은 분야에 특화되어 있다.

'정확성'이라는 것은 생산관리에서의 QCD(Quality, Cost, Delivery)로 바꿔 말할 수 있다. 즉, 품질·비용·납기를 지키는 것이다. 아무리 전문성이 높아도 지각이나 상습적으로 당일 취소를 하는 사람이라면 가치는 마이너스가 될 것이다. 신용주의 경제에서는 성실함으로 먹고살 수가 있다.

'친화성'이란 인간적인 매력, 사교, 궁합, 겸허함 등을 말한다. 일도 잘하고 착실하지만, 인간적으로 미움을 사게 되면 그 사람의 가치가 발휘되지 않는다. 특히 커뮤니티가 다층화하고 네트워크형 사회가 되어가는 앞으로의 시대에서는 유연함이 요구된다.

마지막으로 '이기심'이란 자신의 이익을 생각하면 생각할수록 가치가 내려가고, 반대로 상대를 생각하면 생각할수록 가치가 올라간다는 의미다. 이것은 매우 중요한 포인트로, **분모에 있는 이기심을 최대한으로 줄이면 분자에 있는 전문성이나 정확성, 친화성이 조금 작더라도 가치를 만들어낼 수 있다**는 뜻이 된다.

시간의 가치는 점점 커진다

가치의 축적이 신용이 되고 신용을 외부화하여 돈으로 변환한다.

그렇다면 가치를 만들어내는 요소는 무엇일까? 그것은 바로 시간이다. 문제의식이 높은 사람 중에는 시간에 대해 관심을 갖고 있는 사람이 많을 것이다.

공간 이동 능력 없이도 인터넷이나 LCC(저가 항공사)에 의해 지구는 충분히 작아졌다. 그러나 시간축에 대해서는 아직 생각해야 할 부분이 많이 남아 있다. 노동시간은 물론이고 연산·학습에도 시간이 걸린다.

시간에서 가치로의 전환효율이 높은 것을 일반적으로 '스킬'이라고 부른다.

스킬을 높이기 위해서는 당연히 시간이 필요하다. 그러나 이 책을 읽는 독자라면 스킬을 효율적으로 높이는 방법을 알고 싶어 할 것이다. 여기에도 메타 사고가 도움이 된다.

시간은 물론 가치 창조에만 사용되는 것이 아니다. 여가나 소비를 위해서도 사용되며 인생의 묘미는 오히려 여기에 있다.

앞서 말한 대로 개인의 신용잔고를 쌓기 위한 활동(네트워크의 구축이나 자기계발, 건강관리 등)에는 시간이 걸린다. 따라서 가치를 만들어내는 자원으로서의 시간은 그 가치가 높아질 것이다.

게다가 사회적 욕구를 충족시키는 사회로 이동하게 되면 인간은 지금 이상으로 더 많은 시간을 필요로 하게 된다. 브랜드 옷을 사고 만족하는 시간은 한순간이지만, 해외여행을 통해 다른 문화를 경험하기 위해서는 어느 정도 시간을 확보하지 않으면 안 된다.

일에서도 시간의 개념은 변한다.

지금까지는 9시부터 18시까지 회사에 있으면 고정급여가 들어오는 구조가 통용됐으므로 대부분의 회사원은 고정화된 시간 가치를 쪼개서 팔고 있었다. 하지만 네트워크사회가 되고 프로젝트를 기반으로 일을 하거나 기업이 성과주의로 방향을 바꾸면 **'얼마나 단시간에 가치를 생산하는가'가 관건**이 된다.

'일에서 요구되는 것은 성과'라는 당연한 사실이 지금까지 기업에서는 그다지 주목받지 못했지만, 앞으로는 좋든 싫든 간에 그것을 직시해야만 한다.

성과를 내기 위해서는 시간·비용에 맞지 않는 일은 하지 않는다는 선택지가 자연히 생겨날 테고, 어떻게 하면 자투리 시간이나 여유 시간을 효과적으로 사용할 수 있을 것인가라는 타임 매니지먼트 능력이 중요해질 것이다.

요즘 '미니멀리즘'이 유행하고 있는데, 앞으로 필요한 것은 '시간의 미니멀리즘'이다. 로봇 청소기나 크라우드 소싱처럼 **'살 수 있는 시간은 사고 비효율적인 시간은 버린다'**라는 자세가 중요해진다.

건강이야말로 시간을 만들어내는 자원이다

시간을 만들어내는 것은 건강(에너지)이다.

건강은 때때로 비즈니스 현장에서 희생되기 일쑤지만, 장기적으로 성과를 올리고 있는 비즈니스 리더나 경영자는 이 에너지야말로 모든 것의 원천이라는 사실을 알고 있다.

건강에 주의를 기울이지 못하는 사람(특히 젊은 남성이 많다)은 건강이 돈이라는 사실을 잊어서는 안 된다.

나는 최근 ROH(Return on Health)라는 지표를 고안했다. 이것은 건강의 창조에 쓰는 돈의 효율을 말한다. 말하자면 '가성비'다. 양질의 식자재나 트레이닝, 전문가의 조언 등에 돈을 투자하여 어느 정도의 건강을 얻을 수 있는지 지표화하는 행위다. 건강 프로젝트라고 이름 붙이고 매일 다양한 실천을 하며 가성비를 계측하고 있다.

건강이라는 자산을 늘리는 것의 중요성을 깨닫기까지는 시간이 걸린다. '건강해지려면 신체를 단련하고 두뇌의 염증을 방지하기 위한 양질의 오일을 섭취한다. 양질의 오일이란 이러이러한 것을 말한다'처럼 해야 할 액션이 명확해질 때까지 생각을 거듭해야 한다. 적극적으로 지식을 습득하고 인과관계를 명확하게 파악하여 구체적인 액션을 생활 속에 도입하는 자세가 중요하다.

그 외에도 나는 평소에 글루텐프리(밀가루를 섭취하지 않는 것)·카세인프리(유제품을 섭취하지 않는 것)를 철저하게 지키고 있다. 머리의 좋고 나쁨이 뇌간의 컨디션에 좌우되는 것처럼 사람의 성격은 장내 플로라(세균)에 좌우된다고 믿고 있다.

뇌와 장은 밀접한 관계에 있다고 여겨지며 특히 '장-뇌 연결축(the gut-brain axis)'의 컨디션에 주의해야 한다.

정신에 대해서도 시간이 된다면 기초의학을 제대로 공부하는 편이 좋다. 우울증도 뇌의 염증에 지나지 않듯 '정신적'이라고 불리는 것의 90%는 물리적인 문제로서 설명할 수 있다.

대부분의 사람은 병이 개체의 문제라고 생각하지만, 병은 사실 '사회병'일지도 모른다. 증상은 육체에 나타나지만, 병의 본질은 사회에 있다. 10년 전에는 우울증이 유행했고 지금은 공황장애, 스트레스 관련 병 가운데는 과민성 장증후군이 많다. 섬세하고 무방비한 사람일수록 사회병에 걸리기 쉬운 데에는 이유가 있다.

여기까지 돈, 신용, 가치, 시간, 건강(에너지)과 돈을 구성하는 다섯 가지 요소에 대해 이야기했다. 본질을 파고들면 돈을 구성하는 요소가 보인다. 돈을 벌기 위해서는 그런 요소를 하나하나 효과적으로 만족시켜나가야 한다.

이것이 정석이다. 방법에 따라서는 머니게임에 의해 가치나 신용을 축적하지 않고도 돈을 버는 방법이 있을지도 모른다. 하지만 나는 그런 방법을 알지 못하며 이 세계의 근본 법칙과는 거리가 있다고 직관하고 있다. 그리고 그런 버그는 언젠가 수정될 것이므로 독자에게는 정석을 권하고 싶다.

돈이 관련되면 '연결고리'가 사라진다

지금껏 돈을 구성하는 요소에 대해 이야기했는데, 돈을 버는 방법을 권하는 것이 이 책의 취지는 아니다. 본질을 생각하는 힘이 이 책의 목적이며 돈은 그 모티브일 뿐이다.

본질적인 의문은 '애당초 경제에 돈이 필요할까?'다.

돈이 발생한다고 경제가 아니다. **경제란 가치가 순환하는 것이다.**

본래 경제의 의미는 경세제민(經世濟民), 즉 세상을 잘 다스려 백성을 구한다는 뜻이다. 경세제민을 위해 돈이라는 툴은 과연 적절한 것인지, 혹은 어디까지 돈으로 해결하고 어떤 경우에 돈 이외의 것으로 해결해야 하는지 등이 진짜 생각해야 할 문제다.

돈은 편리한 도구다. 말을 주고받을 필요도 없이 세계 어디서나 누구와도 가치를 교환할 수 있다. 참고로 '머니'나 '파이낸스'는 라틴어에서 유래했는데, '사람들의 최종 언어'라는 의미로 인간이 커뮤니케이션 마지막에 사용하는 가장 편한 툴이다. 하나의 예로 이혼할 때 마지막 해결 수단을 생각하면 이해하기 쉬울 것이다.

돈에는 다양한 문제가 존재한다. 우선은 격차의 문제다. 현재 **세계의 부 50% 이상을 1%의 사람들이 소유하고 있다.** 그 이외의 사람들 사이에서도 격차는 극심하다. 그리고 빈번히 찾아오는 금융위기가 있다. 돈을 과도하게 찍어낸 일부의 사람·기관(중앙은행이나 금융기관)에 의해 일어나는 대규모 금융위기가 일상을 살고 있는 사람들의 실물경제를 직격하는 것이다.

하지만 가장 큰 문제는 돈에 의한 '맥락의 훼손'이다. **돈이라는 숫자**

에 의한 거래가 발생함에 따라 지금까지의 연결고리나 이야기 같은 맥락이 표백되고 만다. 맥락이 단절되면 유기물은 무기적인 것으로 전락해버리고, 그것은 유기적 생명체인 인간의 신체에 적합하지 않다.

상품을 비롯하여 '물건'에는 반드시 스토리가 있다.

예를 들어 커피 한 잔에도 원두가 어떤 농장에서 재배되었는지, 그 원두는 어떤 경위로 탄생하였는지, 재배하기까지 얼마나 많은 노력을 들였는지 등의 풍부한 맥락이 존재한다(도표 25).

맥락이라는 가치는 화폐 거래의 상품이 되는 순간 사라져버린다. 단순히 '5,000원짜리 상품입니다'라고 화폐의 단위로 발화되는 순간, 수많은 이야기가 표백된다. 그것이야말로 돈이 갖는 가장 큰 폐해다.

맥락의 훼손은 격차 같은 것보다 훨씬 심각한 문제다. 화폐에 의한 경제가 이야기나 인간의 관계성을 단절시키고 우리의 행복을 방해한다. 눈치채지 못한 사이에 썩어들어간다.

하지만 이런 맥락의 훼손을 방지하기 위한, 돈 이외의 새로운 해결책이 나와 있다. 그것이 지금부터 설명하고자 하는 시간주의 경제와 기장주의 경제다.

도표 25   맥락의 훼손 문제

- 커피 한 잔에 담긴 생산자의 노력과 입수 경위 등의 이야기는 '한 잔에 5000원'이라고 발화되는 순간, 눈 깜박할 사이에 표백된다

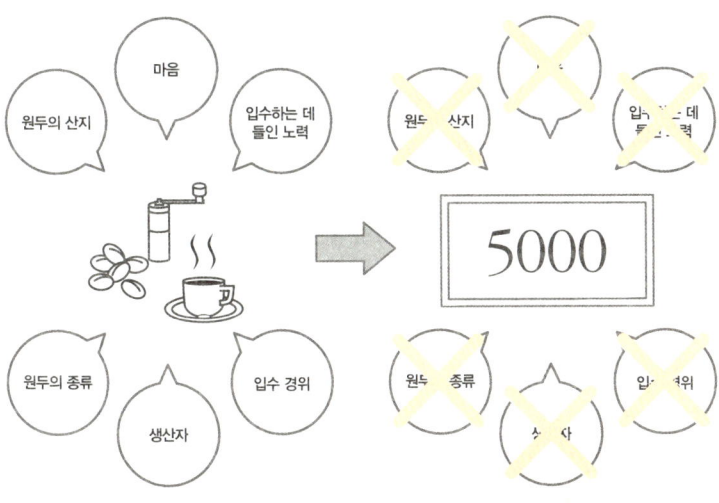

출처: NTT 연구소, 촉감콘텐츠전문지《후루에》

돈은 앞으로 어떻게 변화할까? | 127

경제에 돈은 필요한가?
: 비화폐경제의 출현

돈으로 살 수 없는 것·만들 수 없는 것을 시간이 메운다

시간이 돈이 된다는 말이 와닿지 않을지도 모르지만, 개인의 시간은 본질적으로 통화나 다름없다.

돈은 식량 등의 일용품을 손에 넣기에는 편리하지만, 일정한 물건이나 서비스에만 사용할 수 있다. 유튜버인 친구에게 상담하거나 대학에서 학생들에게 강의를 할 수 있는 것은 돈이 아니라 **신뢰로 묶인 관계성, 즉 네트워크** 때문이다.

돈을 대신할 수 있는 것은 바로 '시간'이다.

아무리 유복한 가정이라도 아이를 낳아 기르기 위해서는 돈보다 시간을 들여야 한다. 효용에 비례하는 것은 돈이 아니라 자신의 시간이다.

무언가를 생산하는 데도 물건의 원가보다는 목적과 조건·상태의 이해, 기획, 사내외 이해관계자와의 신뢰 관계 구축, 조직 몰입 강화, 자원 조달 등을 실행하는 데 소요되는 시간이 중요하게 여겨지고 있다.

즉, **모든 경제활동은 물건이 아니라 시간에 따라 생산·축적된다**. 돈이 시간으로 변화하기 시작한 것은 자연스러운 흐름이다. 물건을 교환할 때는 돈이 편리하지만, 관계를 구축하거나 함께 즐기는 것 등 가치를 공유할 때는 시간이 통화로써 적합하다.

개인에게 귀속되는 숫자는 시간밖에 없다

시간 통화를 에너지를 응집한 자원이라는 관점에서 생각해보자.

무언가를 시작하려면 에너지가 필요하고, 에너지란 집약된 자원을 말한다. 돈의 강점은 그것을 숫자로 표현한다는 점에 있다. 숫자라는 매우 명확한 틀 안에 신용과 가치를 응집할 수 있다.

한편 개인(individual)이란 본래 '나누기(dividual) 어려운(in)'이라는 의미로, 신용의 모체의 최소단위가 된다. '나누기 어려운 최소단위'라고 말하는 것은 신용과 가치를 응집할 수 있는 최후의 보루이기 때문이다.

신용이 희박해지고 있는 현대의 중앙은행이 발행하는 통화는 컨트롤할 수 있는 범위가 한계에 달해 있는 반면, 시간은 국가나 사회집단의 신용이 아닌 개인(individual)의 신용에 귀속하는 숫자다. 그리고 그런 개인이 '발행'할 수 있는 외부화된 신용이 바로 시간 통화다.

시간은 신용의 최소단위이며, 개인이 발행할 수 있는 최고의 범용 언어 '숫자'이므로 가장 효과적인 통화로서의 지위를 담보할 수 있다.

모두에게 공평한 시간 통화

시간이 미래 통화로 적합한 이유 중의 하나로 '공평성'을 들 수 있다. 화폐는 이미 편재가 심하다. 세계의 민주화가 진행되면서 부의 편재가 불공평을 조장한다. 그에 따라 사회의 불안은 커지고 경제는 불안정해진다.

미국에서는 CEO의 급여가 일반사원의 100배 이상이며 금융기관에서 일하는 부서장급의 상여금을 포함한 급여는 일반 기업 관리직의 10배에 달한다. 이런 현상은 노동과 대가의 정합성에 어긋난다.

부의 세대 간 격차도 심각하다. 일본은 금융재산의 약 80%를 65세 이상의 사람들이 점유하고 있는데, 이런 상태에서는 경제의 원활한 순환을 기대하기 어렵다. 결과적으로 전 국민과 미래에 대해 건전한 상태라고 말할 수 없다.

과거 안정적인 통화가 가진 가치 저장 기능은 현역 시절에 생산한 가치를 보전하고 은퇴 후에도 경제적으로 안정을 보장한다는 점에서 효과적이었다.

하지만 세계의 인구 균형이 고령화되고 생산인구 비율이 저하되면서 비생산자(자산이 있는 고령자)에게 경제적 권력이 옮겨갔다. 이것은 사회의 신진대사나 불균형을 증강시켜 사회질서에 좋지 않은 영향을 끼친다.

이러한 상황에 시간은 공평성을 부여한다. 인간의 시간은 개인차는 다소 있지만, 큰 차이가 없다. 따라서 기회는 공평하다고 할 수 있다.

시간 통화는 연결고리와 이야기를 보전한다

시간은 '맥락의 훼손'을 방지하는 효과도 있다.

맥락 가치는 돈(수치화)에 의해 떨어진다. 화폐 거래로 맥락이 단절되면 돈(재물)은 단순히 가치로서의 기능을 갖는 '익명의 재물'이 된다. 이처럼 기존의 돈은 기존의 산업 공정 속에서 표준화·세분화됨으로써 그 가치가 더욱 떨어지게 된다.

반면 맥락 가치는 시간(역사·연결고리)에 의해 생산된다(도표 26). 그리고 돈은 보통 신뢰할 수 있는 사람(지식·사회적 승인 등 시간을 들여 이루어낸 사람)의 직접적인 계승으로 그 맥락 가치가 보전된다. 즉, **시간을 기점으로 한 직접거래를 통해 돈이 갖는 맥락이 보전되는 것**이다.

도표 26 일반적인 가치의 개념과 맥락 가치

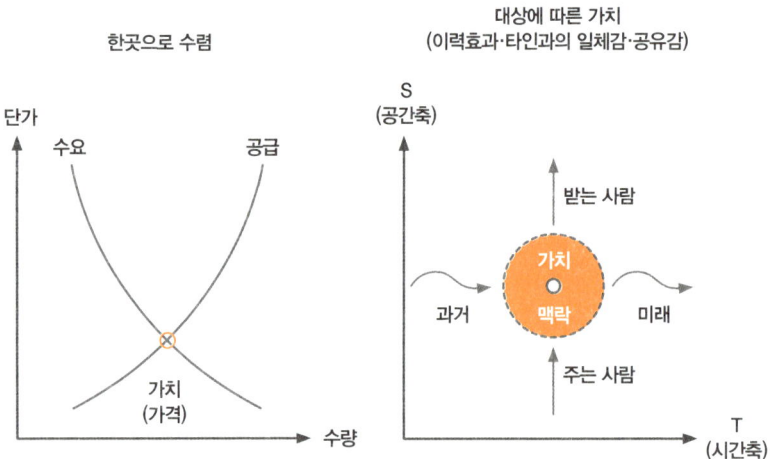

출처: 야마구치 요헤이 《시간 통화와 네트워크 증여 경제의 가능성에 관한 연구》(2015)

시간 통화의 미래

돈이 돈이 되는 데에는 본래 발행 주체도 형태도 관계가 없으므로 시간이 통화가 되어도 전혀 이상할 것이 없다. '타임'이라는 단위의 시간 통화가 생겨날지도 모를 일이다.

참고로 시간 통화의 시간당 가치는 유동적이다.

가령 경험이 부족한 신입사원과 다양한 경험으로 단련된 과장의 '1시간당 가치'에 커다란 차이가 있는 것은 당연하다(도표 27).

그렇다고 해도 그것이 5분 단위로 팔리고 있다면 1시간 단위와 비교해서 그다지 큰 차이가 없을지도 모른다. 5분 안에 할 수 있는 일은 한정적이기 때문이다. 이러한 가치를 어떻게 산정할 것인가? 그것이 앞으로 풀어내야 할 흥미로운 과제다.

머지않아 사람들의 시간을 맡아두고 융자하는 시간은행이 출현하고 개인의 시간의 가치에 초점이 맞춰질 시대가 올 것이다. 도표 28은 미래의 돈과 경제 시스템을 단적으로 보여준다.

우선은 왼쪽 아래에 있는 ①의 영역을 보자. 이것은 20세기까지의 경제, 즉 돈을 사용하여 물건을 거래하는 자본주의 경제를 말한다. 이후 ②의 시간주의 경제나 ③의 기장주의 경제로 변화한다. 그 후로는 ④의 신용주의 경제로 나아갈 것이다.

도표 27 시간 통화

- 시간 통화의 시간당 가치는 유동적이다
- 시간 통화는 5분, 1시간 등 어느 정도 크기로 거래하는가에 따라 그 가치가 변화한다

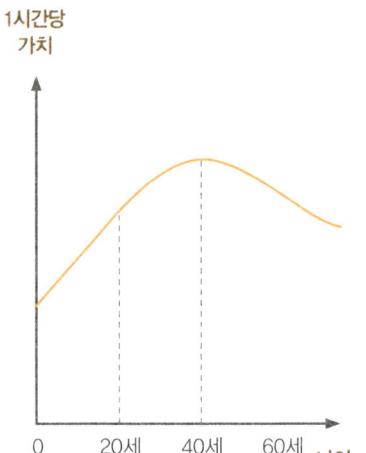

신입사원(20세)과
베테랑 상사(40세) 사이의
1시간의 가치는 전혀 다르지만

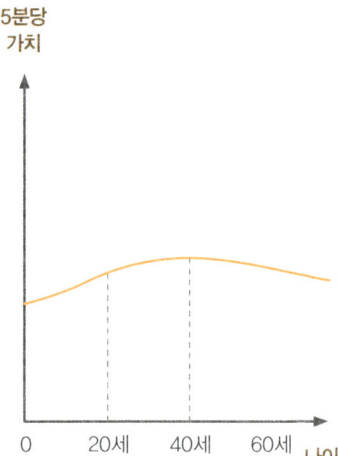

5분씩 끊어서 비교하면
큰 차이는 없다

도표 28 돈의 변천

- 사람들이 원하는 것과 교환 툴의 변화에 따라 경제의 형태는 변화한다

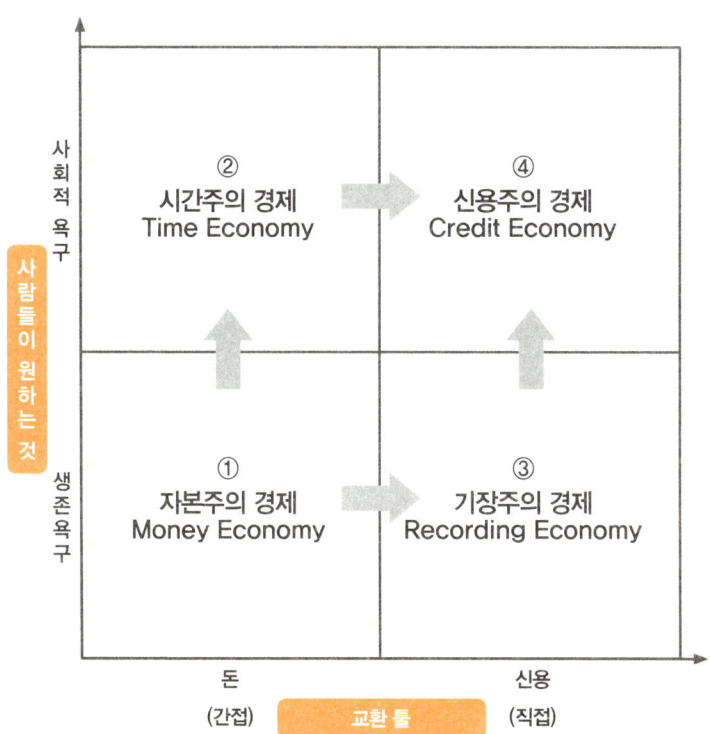

기장주의 경제

③의 기장주의 경제란 통상적인 통화를 주고받는 것이 아니라 '대차'를 기록하는 것으로 경제가 돌아가는 사회를 말한다.

돈의 기원이 조개껍데기라고 믿고 있는 사람이 많지만, 실제 돈의 기원은 '기장'에 있다. 주고받은 것을 써두던 역사에 기원한다.

예를 들어 요리를 못하는 사람에게 요리를 제공해주는 사람은 가치가 높다. 요리를 제공한 사람은 '요리를 했다'라고 기장한다. 돈의 계산은 하지 않는다. 이처럼 각각의 가치를 돈을 거치지 않고 직접 거래하여 기장함으로써 가치를 높여간다.

기장주의 경제에서는 한 사람 한 사람의 거래가 디지털 대장에 기장되고, 그것이 모든 사람에게 공유되기 때문에 속이거나 감추는 일이 불가능하다. 블록체인 기술이나 IoT 기술을 기반으로 새로운 사회가 실현될 것이다(블록체인의 정체는 '분산 대장'이며, 블록체인은 기장 그 자체라고 할 수 있다).

일을 하면 크레딧을 받고 레스토랑에서 식사를 하면 크레딧이 깎인다. 길에서 노인을 도우면 크레딧을 받고 타인에게 폭력을 행사하면 크레딧이 깎인다. 발언에 공감을 얻으면 크레딧을 받고 반감을 사면 크레딧이 깎이는 식이다.

도표 29 경제 시스템 정리

	① 자본주의 경제 Money Economy	② 시간주의 경제 Time Economy	③ 기장주의 경제 Recording conomy	④ 신용주의 경제 Credit Economy
관리 방법	일부의 금융기관·국가·초국가	개인의 신용	블록체인 등의 분산대장	사적·지역적 네트워크
안정성과 경직성	불안정 (일정의 비율로 팽창과 붕괴를 반복한다)	안정성 있음 (개인 시간은 사회의 인구와 그 질을 기반으로 한다)	안정성·경직성 모두 있음 (시장붕괴 시 안전장치가 된다)	안정성·경직성 모두 있음 (기장·정산이 없어 불안함은 경감, 개인의 신용을 바탕으로 한다)
언어로서의 성질	심플함 (숫자 하나로 교환 가능)	범용성 있음 (노동대가, 맥락 가치 양성을 위한 기간, 비례관계로서 적용시킬 수 있다)	범용성 없음 (서로의 신용잔고가 기본이기 때문)	범용성 없음 (단, 맥락 등 눈에 보이지 않는 가치를 인지·교환할 수 있다)
통용 가능한 가치·효용	한계 있음 (화폐로 얻을 수 있는 효용의 분야는 한정되 어 있다)	생존 욕구·사회적 욕구를 충족시키는 자원	상품·서비스	사회적 욕구(신용)의 획득과 저축, 이용
거래 관계	상대적 관계 (생산자/소비자, 시장/질서 등의 대립관계)	유기적 관계 (상대적 자원, 공유 자원 등 상황에 따라 변화한다)	상대적 관계 (단, 정산되지 않고 의존적 관계가 되기 쉽다)	일체적 관계 (생산자가 소비자가 될 수 있다. 양자 협업 은 가치를 만든다)

숫자가 기장되어 있는 자본주의 경제에서는 누구의 눈으로 봐도 부의 많고 적음이 분명하지만, 물품을 기장하는 경제 시스템에서는 그것을 본 사람의 가치관이나 취미, 기호, 필요에 따라 가치가 변화한다. 이것이 기장주의 경제의 가장 큰 매력이라고 할 수 있다.

신용주의 경제

도표 28 오른쪽 위에 있는 ④의 신용주의 경제는 사람들이 원하는 것은 신용이며 그것을 주고받는 툴도 신용이라는 신기한 세계다. 아직 이해하기 어려울 수도 있다. 하지만 실제로 금세기 중반부터 2100년까지는 현실화해갈 것이다.

신용주의 경제에서 모두가 바라는 것은 '승인(사회적 욕구)'이며 그것은 바로 신용을 말한다. 돈을 사용하지 않고 거래하는 툴(수단)도 신용이다. 즉, **모두가 신용을 바라고 신용을 신용으로 거래하는 세계**다. 수단과 목적이 신용 한곳으로 통합된 세계, 그것은 명실공히 돈이 사라지는 세계를 의미한다.

20세기까지는 어떤 의미에서 참으로 이상한 세계였다. 사람들이 원하는 것은 돈이고 그것을 주고받는 툴도 돈이었다. 취업 선호도 1위도 금융권, 돈이 세계의 왕이었다. 고대에는 가치의 교환·저장 수단에 불과했던 돈은 그 자체가 목적이 되어버렸다.

하지만 21세기 중반부터 앞으로는 목적도 수단도 신용이 된다. 허브(매개체)로서의 돈은 사라질 것이다. 사람들이 바라는 것은 승인이나 연결고리, 타인과의 관계로 변해가고, 돈 같은 매개체가 적어질수록 '순도'가 높아지기 때문이다.

돈이라는 매개체와 사회적 욕구는 한쪽을 늘리면 한쪽이 줄어들어 버리는 트레이드오프 관계에 있다. 그런 세계에서 사람들은 사회적 욕구에 대한 순도를 더욱 높이려 들 테고 결국 돈을 사용하는 기회를 줄여간다. 그렇게 돈은 경제활동의 툴로서 그 기능을 점점 잃어갈 것이다.

지금까지의 이야기를 정리해보면 통화는 신용에서 생겨났고 신용은 가치의 축적으로 성립하며 공헌에는 시간을 들여야 할 필요가 있고 시간은 심신의 건강을 전제로 한다.

즉, 통화(돈)는 건강(에너지)에서 생겨난다.

따라서 만약 돈을 벌고 싶다면 우선은 건강(기술과 지식과 행동)에 투자해야 한다. 거기에 시간→가치→신용 순으로 투자해가는 것이 자본주의사회에서의 왕도다.

때로는 신용을 얻기 위해 '좋은 사람'을 연기해야 하는 경우가 생기기도 하고 누군가는 가면을 쓰고 허상을 팔아 평가를 얻기도 한다.

처음부터 끝까지 가면을 쓰고 살아가는 것은 건전한 생활 방식이 아니다. 그러므로 **가능한 한 빨리 캐릭터를 설정하여 기준을 갖고 살아가는 것**이 중요하다.

한편 **품위는 중요한 요소**다. 말투에 신경을 쓴다. 품위 없는 표현은 쓰지 않는다. 반드시 인사를 하고 예의를 표한다. 구두를 가지런히 놓는다. 올바른 젓가락질을 하고 밥을 마지막 한 톨까지 깨끗이 먹는다. 약속을 지킨다… 이러한 고전적인 행동거지는 철저하게 실천할 필요가 있는데, 사실 그렇게 어려운 일은 아니다.

오히려 염려되는 것은 본격화될 조짐을 보이는 초(超)기장주의사회의 도래다.

블록체인이 불러올 완전기장 경제는 머지않아 화폐 자체를 몰아낼 것이다. 개별 거래와 신용이 투명해지는 세계에서는 굳이 가치를 화폐라는 숫자로 바꾸어 거래할 필요가 없다. 하지만 거기서 감시와 사회적 논리에 길든 사람들이 자본주의사회를 그리워하게 된다.

그 후 초기장주의사회는 기장 블록의 충돌로 인해 종언할 것이다.

그런데도 사람들은 자본주의로 돌아가는 대신 다음 세계를 선택한다. 그것이 **신용주의**다. 자본주의는 격차와 부의 편재와 혼란을 가져오고, 시간주의 경제는 노동의 노예화를 조장한다. 기장주의 경제는 감시사회를 낳는다. 모두 일면적으로는 디스토피아(반이상향)로 보인다.

감시사회에 대한 불안이 심해지는 것은 당연한 일이다. 한 번이라도 실수를 저지르거나 흑역사를 남겨버리면 평생 인터넷, 혹은 블록체인상에 각인되어버리는 세상이 될지도 모르기 때문이다.

그 후에는 어떻게 될까? 아마도 일원적인 감시 체제로 인해 피폐해진 사람들이 새로운 커뮤니티를 만들어 그쪽으로 피난할 것이다. 그것이 바로 뒤에서 설명할 멀티 커뮤니티 시대다. 그렇게 인간은 사회를 업데이트해갈 것이다. 거기까지 걱정할 필요는 없을지도 모르지만 말이다.

돈이 사라진 미래에서 보면 '가치를 숫자로 변환하여 거래하는 지금의 화폐경제'가 얼마나 우스꽝스러워 보일까.

관계 중심의 시대에서 가치란 연결고리나 이야기 그 자체이며, 화폐라는 숫자로 분단한 순간 가치는 소멸한다. 이에 관한 이야기는 다음 장에 이어서 하기로 한다.

사회는 융해되어 멀티 커뮤니티의 시대로

마이너리티가 활약하는 시대

돈이 신용이라는 본질로 회귀하듯 사회 또한 그 모습을 바꾸어가고 있다. 그것은 사회의 최소단위인 작은 커뮤니티(공동체)로의 회귀, 즉 '소사이어티에서 커뮤니티로'라고 말할 수 있다(도표 30).

지금까지의 사회는 단일한 가치관을 갖는 모노 소사이어티(mono-society, 단일사회)였다. 오른쪽을 향하면 모두가 오른쪽을, 왼쪽이라고 말하면 모두가 왼쪽을 향해야 했다. 고등학교를 졸업하고 대학교에 진학한다. 대학교를 졸업하면 사회에 나와 출세하고 집을 사고 가족을 부양한다. 암묵적인 동의로, 그런 단일화된 인생의 레일 위를 걷는 삶의 방식이 좋다고 여겨졌다.

강력한 동조압력이 지배하는 한편, 글로벌화가 진행되면서 다양한 삶의 방식을 지향하는 사람이 하나둘씩 늘어났다. 그 결과 하나의 가치관이나 라이프스타일로 통일하기가 어려워졌다.

지금까지의 왕도를 따르는 사람을 메이저리티(다수파)라고 한다면 왕도에서 벗어난 삶의 방식을 살고 있는 사람을 마이너리티라고 부른다. 최근 **메이저리티와 마이너리티의 비율이 역전하기 시작했다.**

일본의 메이저리티층은 정규직 노동자나 종업원 1,000명 이상 규모의 회사 근무자, 전문직, 공무원 및 그 가족이며 마이너리티층은 니트(NEET, 질병, 커뮤니케이션 장애를 이유로, 혹은 고학력이지만 일하지 않고 일할 의지가 없는 청년 무직자), 젊은 파견 노동자, LGBT, 싱글맘, 독거노인, 연 수입 2,000만 원 이하의 사람들이다. 거동이 불편한 사람이나 일을 하지 않고 있는 니트의 비율도 중년을 중심으로 급격하게 늘고 있다. 성소수자에도 실제로는 50가지가 넘는 부류가 있는 만큼 성적인 기호도 더욱 다양해지고 있다.

메이저리티와 마이너리티의 비율은 메이저리티가 6이라면 마이너리티는 4에 이른다. 이런 이유로 메이저리티는 일본을 단일 가치관을 가진

도표 30   단일사회는 융해되고 커뮤니티가 난립한다

- 동조압력을 의식하지 않고 복수의 커뮤니티를 넘나든다
- 최소 3개의 커뮤니티에 소속된다(안전장치, 인센티브에 관한 것, 가치관을 공유하는 것 등)

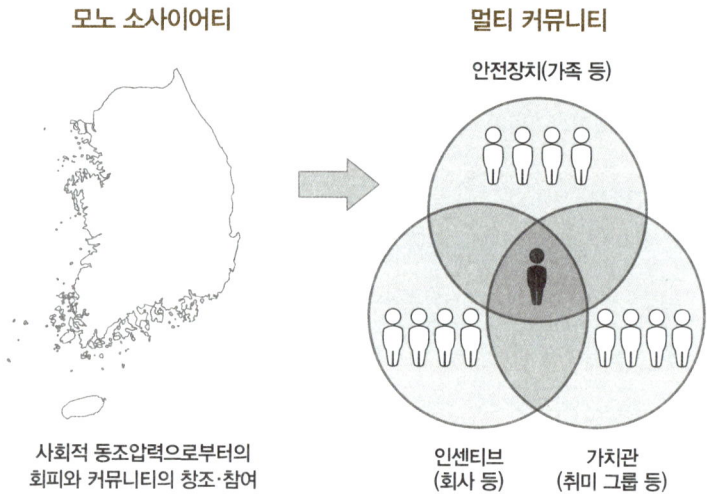

소사이어티로 묶을 수 없게 되었다.

지금 마이너리티는 각각의 작은 커뮤니티를 만들고 그곳에서 조용히 때를 기다리고 있다. 소사이어티라는 커다란 사회에 둘러싸인 메이저리티와의 싸움을 준비하면서 말이다.

그렇다면 메이저리티에 대항하는 마이너리티의 혁명은 어떤 변화를 불러일으킬까?

멀티 커뮤니티, 수직사회에서 수평사회로

인간은 '국가'나 '기업'이라는 대규모 단일 가치관 소사이어티의 한계를 깨달아가고 있다. 새로운 커뮤니티로의 대이동이 조용히, 하지만 확실하게 진행되고 있다.

그것은 수직사회에서 수평사회로, 중앙집권적인 사회에서 네트워크 사회로의 이동으로 볼 수 있다.

국가나 대기업으로 대표되는 중앙집권 시스템을 표로 나타내면 원뿔 같은 형태를 보인다. 시간이나 돈을 밑에서 끌어올려 위에서부터 재분배하는 것이 특징이며 이미 완성된 메이저리티 시스템은 기본적으로 이러한 형태를 하고 있다(도표 31).

이것이 바로 수직사회다.

도표 31 수직사회와 수평사회

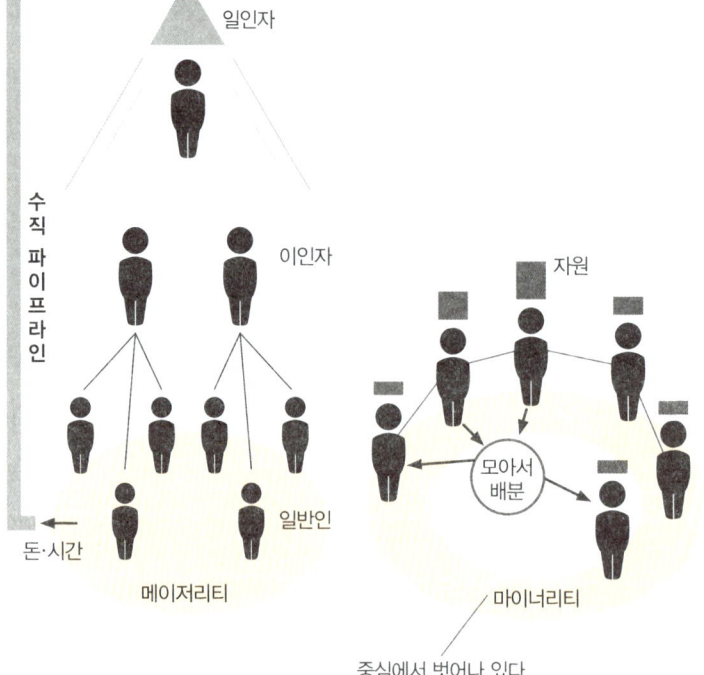

한편 미래사회의 중심이 되는 네트워크사회는 평평한 세계로, 자원을 끌어올리는 기구로서의 원심이 없다. 필요한 자원은 그때그때 수평으로 배분해나간다. 개인 간 직접거래가 생겨나고, 허브로서 기능하는 개인이나 커뮤니티가 난립한다. 이것이 수평사회다.

현시점에서 수평사회의 주민은 수직사회에 스며들지 못한 마이너리티가 대부분이지만 머지않아 수평사회가 경제의 중심을 차지하게 된다.

수직사회와 수평사회는 하나부터 열까지 전부 다르다(도표 32).

세상에 존재하는 수직사회가 앞으로 자기변혁을 강요당하는 것은 필연이다. 그 이유는 수직사회의 비효율적인 생산성에 있다.

대부분의 대기업이 새로운 세대의 IT기업을 당해내지 못하는 것은 불필요한 일에 시간을 할애하는 문화를 고수하기 때문이다. 도표 33을 보면 대표적인 일본 대기업의 생산성이 해외기업과 비교해 저조하다는 사실을 알 수 있다.

회사 내부뿐만이 아니라 외부 거래처와의 커뮤니케이션 비용까지 포함하면, 기업에 따라서는 커뮤니케이션 비용이 전체 비용의 7할에 달하며, 순수 생산 비용은 3할 정도밖에 되지 않는다.

일전에 우리는 한 대기업에 사업분석 알고리즘을 납품한 적이 있다. 그 알고리즘은 컨설팅회사 파트너와 AI 엔지니어, 그리고 숫자에 특출한 몇 명의 멤버가 주말에 모여 신속하게 개발한 것인데, 알고리즘을 도입하

도표 32   수직사회와 수평사회에서는 모든 것이 다르다

도표 33   일본 대기업의 생산성

- 일본 대기업의 생산성은 타국과 비교하여 대체로 낮다
- 무엇보다 생산성을 향상시키는 것이 중요하다

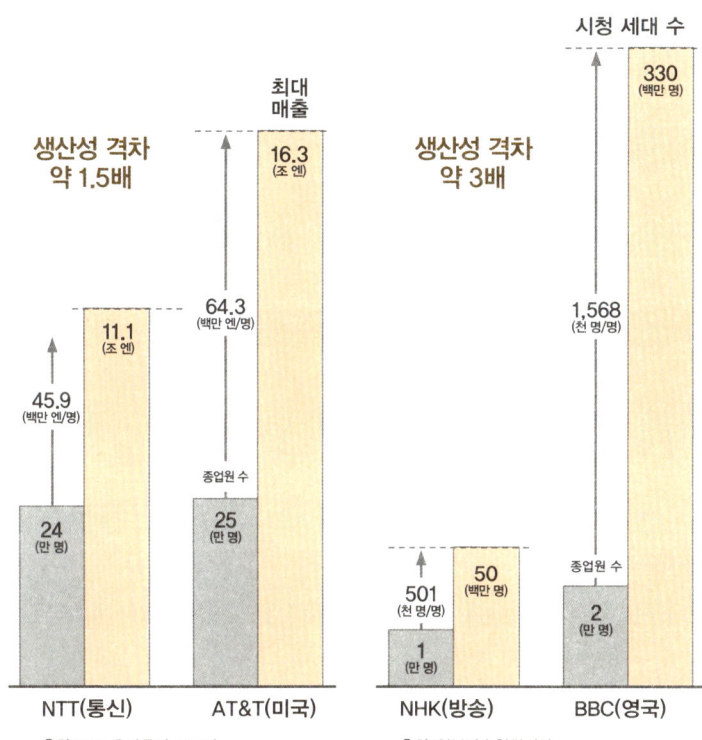

기까지 가장 어려웠던 점은 클라이언트에 대응하는 일이었다.

방대한 자료를 만들어 스무 명 정도를 앞에 두고 '머신러닝이란 무엇인가?'라는 기초적인 수준부터 반복해서 설명해야만 했다. 그래서는 대등한 파트너십을 형성할 수 없고 효율적으로 일하기도 어렵다.

그래서 나는 클라이언트에게 출자 제휴를 권한다. 적게나마 주주가 되면 대등한 관계가 되므로 그것만으로도 비용이 7할까지는 아니더라도 5할은 줄어들기 때문이다. 커뮤니케이션만을 위해 무의미한 자료를 만들 필요가 없어진다면 남는 시간에 본질적인 가치 창조에 전념할 수 있다.

수직사회의 주민은 서서히 수평사회로 옮겨가게 될 것이다.

수평사회의 룰과 삶의 방식 : 돈은 통용되지 않는다

수평사회에서 살아남기 위한 룰을 조금 더 자세히 알아보자.

수직사회에서는 돈이 중시되지만 **수평사회에서는 신용이나 맥락이 중시된다.**

돈(숫자)은 의식주를 만족시키는 영역에서 유효했다. 그것들은 필수품이며 각각의 제품·서비스에 독자성을 기대하지 않기 때문이다. 하지만 경제가 발전하고 사람들이 연결고리나 승인 등의 사회적 욕구를 원하게 되면 돈으로는 그 욕구가 채워지지 않는다. 그보다는 맥락을 중요시하게 된다.

특히 수평사회의 거래에서는 **신용이 돈을 몰아낸다.** 커뮤니티 내부가 아니라 커뮤니티와 커뮤니티 사이에서 거래되는(가치관이 다른 사람과의 커뮤니케이션에 사용되는) 것이 돈이다.

원칙적으로 커뮤니티 안에서는 돈이 필요하지 않다고 여긴다. 커뮤니티 동료와의 이상적인 관계는 확장된 가족 관계라고 할 수 있다. 가족끼리는 돈을 사용하여 커뮤니케이션할 필요가 없다.

커뮤니티 안에서는 돈을 대신하여 공유나 대차 등 신용을 중심으로 한 경제 시스템이 유효하다. 돈을 사용하지 않으면 '맥락의 훼손'을 막을 수 있고, 건강하고 안락한 생활을 누릴 수 있다. 그것이 커뮤니티가 화폐경제의 문제점에 대한 해결책이 되는 이유다. 그렇게 되면 돈 문제와 사회문제의 대립 구조가 해결되고 따뜻한 인간관계가 구축된다.

다만 커뮤니티 외부에서는 돈을 사용한다. 다른 커뮤니티와의 커뮤니케이션 수단인 것이다. 돈의 역할은 유지하되 **돈을 사용하는 주체는 개인에서 커뮤니티로 옮겨간다.** 또한 그것을 뒷받침하는 것은 국가가 아니라 **블록체인 기반의 가상통화나 토큰 같은 테크놀로지로 변화한다.**

다층적인 커뮤니티의 개막

사회가 커뮤니티로 분화해온 배경은 무엇일까?

세계는 오랫동안 국경에 의해 분단되어 있었다. 비즈니스 세계도 기업체 단위로 경쟁하는 것이 상식이었다.

그러한 '단절의 시대'에 바람구멍을 튼 것이 인터넷이었다. 윈도우가 생겨나면서 인터넷이라는 세계를 향한 문이 열렸고, 구글의 등장과 글로벌 자본주의의 대두로 세계는 '편재하는 동시에 오픈된 시대'로 진입했다 (도표 34).

근래 페이스북이나 인스타그램 등에 의해 '그룹화'가 생겨났다. 개인의 사회적 관계나 신용이 커뮤니티 안에 쌓여가면서 평가의 대상이 되는 사회에 진입했다. 다층적 커뮤니티 시대의 막이 열린 것이다.

미래사회에는 커뮤니티가 성숙해가면서 법(규칙)이나 교육, 복지, 시장, 화폐 등 인프라를 가진 초국가적 커뮤니티의 난립이 예상된다.

지역을 바탕으로 형성된 소규모 커뮤니티나 공통의 가치관을 가진 사람들이 모여 만든 커뮤니티, 그리고 길드(조합)처럼 같은 기술을 가진 사람들에 의해 만들어진 커뮤니티가 될 수도 있다. 우리는 한 국가의 국민이면서 초국가 커뮤니티에 다층적으로 소속될 것이다. 돈이 신용이라는 기원으로 돌아가듯 사회는 작은 공동체라는 농밀한 인간관계로 돌아간다.

그러한 시대에는 각자가 자기 나름의 커뮤니티 포트폴리오를 가질 필요가 있다. **자신이 가진 리소스를 어떤 커뮤니티에 어느 정도 비율로 할애할 것인가를 진지하게 생각해야 한다.**

도표 34 · 다층화된 커뮤니티의 시대로

- 단일 국가 사회는 융해되고 커뮤니티가 설립된다.

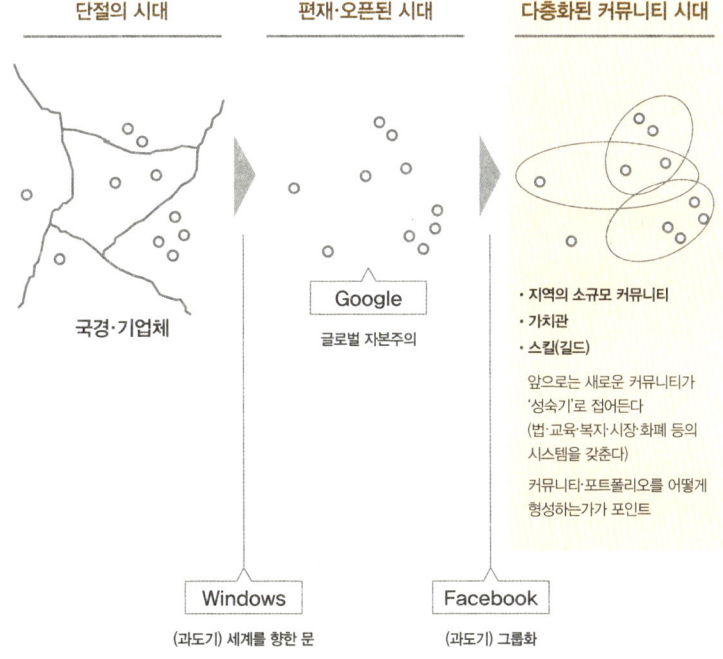

최근에는 대기업을 중심으로 부업을 금지하는 움직임이 두드러지고 있는데, 뒤에서 자세히 설명하겠지만, 앞으로는 프로보노 활동(Pro Bono public, 자신의 전문지식이나 기술을 살려 사회공헌 활동을 하는 것)도 중요해진다.

지금까지는 '일과 사생활의 비율이 어떠한가?'라는 심플한 의문이 전부였지만, 다층적인 커뮤니티 시대에는 **'자신다운 삶의 방식이란 무엇인가?'라는 본질적인 의문을 던지는 것이 중요하다.**

커뮤니티의 창업 멤버가 된다

다층적인 커뮤니티 시대에 권하고 싶은 것은 **강한 커뮤니티에 들어가는 것**이다. 급진적이고 견실한 커뮤니티나 확장하는 커뮤니티도 좋다. 기업에 비유하자면 구글이나 중고 거래 플랫폼인 메루카리처럼 외부에서 부가가치를 만들어내는 힘이 있는 커뮤니티를 말한다.

또 하나는 **커뮤니티의 창업 멤버가 되는 것**이다. 특히 새로운 가치관을 가진 커뮤니티의 창업 멤버가 되는 것이 중요하다. 그 속에서 개인은 어떻게 해야 할까? 개인을 완강하게 지키기보다는 녹아들어 흡수되는 편이 낫다. **커뮤니티에 중점을 두고 개인을 감추는 것**이다. 그렇게 하면 막다른 길에 놓인 화폐경제에서 해방되어 더욱 편안한 삶을 살 수 있다.

커뮤니티에서는 사회성이 필수다

앞으로 인간은 적어도 다음의 세 가지 커뮤니티에 속하게 될 것이라고 지적하는 사람도 있다.

1. 뜻을 공유하는 커뮤니티(자선단체, 정치단체, 취미동호회 등)
2. 돈을 버는 커뮤니티(기업이나 학교, 코워킹스페이스 등)
3. 마음의 안식이 되는 커뮤니티(가족, 교회, 지역, 셰어하우스 등)

이것은 타당한 지적이며 앞으로 커뮤니티 포트폴리오를 고려할 때 참고가 된다.

커뮤니티에서 예절의 필요성을 꼽자면 다음과 같다.

현재 많은 사람이 소속된 SNS상의 커뮤니티는 기능 관계를 기본으로 하는 페이스북 정도의 수준이다. 클릭 한 번으로 참여할 수 있고 탈퇴도 할 수 있는데, **인간관계를 바탕으로 하는 공동체(성숙한 커뮤니티)에서는 그처럼 가볍게 행동할 수 없다.**

절에서 참배하는 예법이 존재하듯 본래 커뮤니티에 들어갈 때는 예의를 갖추어 인사를 하고, 공헌하여 인정받는 일련의 의식이 필요하다. 그런 예절을 지키지 않으면 신용을 쌓기 이전에 커뮤니티에 받아들여지지 않는다.

독일 사회심리학자 에리히 프롬은 "공경이란 인간 그 자체의 모습을 보고 그 사람이 유일무이한 존재임을 깨닫는 능력이다"라고 말한다. **상대를 존중해야 자신도 존중받는다.**

인간이란 개성과 사회성의 상승작용으로 성립한다. 수직사회의 지배구조를 벗어났다고 해서 사회성을 잊어서는 안 된다는 사실을 명심해야 한다.

전략적으로 인격을 구분하여 사용한다

복수의 커뮤니티에 동시에 소속되는 것이 일반적인 시대가 되면 '나는 누구인가'에 대해 고민하는 사람이 늘어날 것이다.

'페르소나'라는 말을 들어본 적이 있을 것이다. 진정한 자아가 중심에 있고, 상황이나 상대에 따라 가면을 구분하여 사용하는 사고방식이다. 하지만 이런 발상에 갇혀버리면 '진정한 나는 누구인가'라는 끝없는 자아 찾기의 여행을 떠나게 된다. 사람에 따라서는 정체성 위기에 빠져들지도 모른다.

그것을 피하기 위해서는 '자신은 다양한 인격의 포트폴리오에 불과하다'라는 분인(分人)주의적 발상으로의 전환이 중요하다. **본래 자신이라는 아이덴티티는 타인과의 관계성으로 성립한다.** 직장에서 상사나 부하로서의 자신도, 가정에서 남편이나 아버지로서의 자신도, 취미동호회에서 선배나 후배로서의 자신도, 모두 허위가 아니라 자기 자신인 것처럼 말이다.

진정한 자신과 오롯이 마주하고 싶다면 무인도에서 고독하게 사는 방법밖에는 없어 보이지만, 그렇게 한다고 해도 도시에서 생활하던 자신의 과거를 완벽하게 차단할 수는 없다.

커뮤니티가 바뀌면 요구되는 역할 또한 바뀐다. 따라서 중요한 것은 **유연성**이다. **완고한 태도를 버리고, 환경의 변화를 그대로 받아들이고, 상황에 따라서는 전략적으로 인격을 구분하여 사용한다.** 진정한 자신 같은 건 존재하지 않는다고 말할 수 있는 정도가 되면 편안한 마음으로 살아갈 수 있다.

도시를 떠나 지방으로 간다

지금부터는 새로운 시대에서의 삶의 방식에 대해 생각해보자.

우선은 사는 장소에 대해서이다. 중앙집권적인 사회구조가 약해지면서 사람은 도시에서 지방으로 회귀한다.

어째서 지방 출신자는 도시에 모여드는가? 그것은 사람이 도시에 '기능'을 바라기 때문이다.

하지만 기능 도시에서 자신이 안락함을 느끼는 포지션을 발견하는 것은 쉬운 일이 아니다. 그만큼 삶의 질도 현저하게 낮아질 수밖에 없다. 도시는 아무것도 생산하지 않는다. 사람과 사람, 물건과 물건을 연결하는 중개적인 존재가 되어가고 있다.

국가가 성장하던 20세기까지는 사람들이 도시에 사는 것을 선망했다. 화폐경제나 수직사회의 중심이 도시에 집중되어 있었기 때문이다. 격무에 시달려도 경제적 보상이 보장되었기 때문에 만원 지하철이나 대기오염 등 도시 특유의 스트레스도 필사적으로 참아낼 수 있었다.

하지만 앞으로 도시는 기계화가 빠르게 진행되어 자동적으로 돈을 벌어들이는 거대한 시스템이 될 운명에 놓여 있다. 무미건조하고 기계적인 시스템을 좋아하는 사람은 없다. 따라서 도시 생활에서 안정을 느끼지 못하는 사람이 더욱 많아질 것이다.

젊은 시절에 기능 도시에서 경험할 수 있는 것들을 전부 경험해두는 것도 나쁘지 않다. 다만 그것도 기껏해야 40세 정도까지다. 그 이후는 자신이 생을 마감할 장소를 적극적으로 찾아보는 것이 좋다. 결국 인간은 흙에서 떨어져서는 살아갈 수 없는 존재다.

많은 사람이 도시를 벗어나면 살기 불편하다고 단정 짓곤 하는데, 테크놀로지의 발달로 직장이 아닌 장소에서도 일하는 것이 가능해졌다. '지방에서 어떻게 살아갈 것인가'라는 발상을 기점으로 생각해보면 방법이 보일 것이다. 일을 그만둘 필요는 없지만 우선 지방으로 거점을 옮겨본다. 혹은 자신이 좋아하는 장소에 살면서 새로운 일을 찾아보는 것이다.

도시의 기능적인 커뮤니티와는 달리 지역을 근거로 하는 커뮤니티에 스며들기 위해서는 시간이 필요하다. 그러므로 빠르면 빠를수록 좋다.

실제로 내가 가루이자와로 이주를 준비한 기간은 2년 남짓이다. 부유층이 많은 가루이자와에서 돈은 큰 의미가 없다. 모든 거래는 신용으로 이루어진다. 집도 차도 그렇다.

인터넷 회의 소프트웨어인 줌(Zoom)이나 스카이프(Skype) 등을 사용하여 지방에서 일할 수도 있고 지역 경제권에 안착하면 기를 쓰고 돈을 벌지 않아도 살아갈 수 있다.

생활의 중심을 반드시 자신이 나고 자란 지역에 둘 필요는 없다.

얼마 전까지 내가 생활했던 가루이자와의 최대 매력은 기후다. 최근 기후환경학이 주목을 받고 있는데, 21세기에 인간은 더욱 최적인 기후를 찾아 이동하게 될 것이다. 나는 이미 도쿄에서 여름을 보내는 것을 상상할 수 없게 되었다. 그 정도로 도쿄의 여름 더위는 일의 생산성을 떨어뜨린다. 일본은 1년 동안 여름이 3분의 1을 차지하게 될 것이라는 예상도 나왔다.

도시가 만들어내는 자원이나 돈을 세계로 융통하면서 성장 단계에 있는 원시림을 목표하는 것이 21세기의 인간이 바라는 풍요로움이 된다.

정부는 지방의 균형발전정책에 힘쓰고 있지만, 차라리 2거점 생활을 의무화시키는 것이 어떨까. 이것을 나는 '제2주민제도'라고 부른다. 이에 따라 소비는 배가 되고 지방경제가 되살아나고 이동이 증가한다. 그렇게 되면 커뮤니케이션이 늘어나고 이노베이션도 일어날 것이다.

시간에 여유가 있다면 자원봉사를

수평사회에 필요한 신용을 얻고 싶다면 자원봉사(volunteer)를 시작하자.

평소에 나는 회사원, 특히 대기업에서 근무하는 지인과 만날 때마다 자원봉사를 권한다. 평일 대부분의 시간을 회사라는 수직사회에서 보내야만 한다면 적어도 퇴근 후의 저녁이나 휴일은 수평사회에서 시간을 보내는 것이 어떨까.

자원봉사, 즉 볼런티어는 신용주의 경제나 증여경제를 성립시키는 **기본요소**이기도 하므로 앞으로 다가올 경제를 체험하는 좋은 예행연습이 된다.

이상적인 것은 누구나 할 수 있는 단순한 자원봉사만이 아니라 자신의 전문 분야나 잘하는 분야를 살려 참여하는 것이다. 이른바 프로보노다.

영어를 잘하는 사람은 일이 끝난 후에 근처 학원에서 무상으로 영어를 가르치거나, 프로그래머라면 무료로 프로그래밍 교실을 여는 등 수직사회의 틀 안에서는 금전이 발생할만한 일을 오히려 무상으로 제공하는 것이다. 이러한 프로보노 활동을 추진하는 비영리단체를 운영하는 것도 방법이다.

개인 활동의 5%를 프로보노에 할애하는 것을 의무화한다면 세금을 징수하지 않아도 사회의 가려운 부분을 긁어주는 바람직한 사회가 실현될지도 모른다.

다만 프로보노를 보급하기 위해서는 해결해야 할 과제가 몇 가지 있다. 그중 하나는 볼런티어를 수용할 수 있는 플랫폼의 부족이다. 자신이 제공하는 스킬과 가능한 시간대에 따라 필요로 하는 사람을 매칭해주는 플랫폼이 있다면 자연스럽게 활성화될 텐데, 아직 그런 플랫폼이 존재하지 않는다.

내가 운영하고 있는 사이트인 쉐어즈(shares)는 구글 캘린더에서 여유 시간을 자동으로 검출하여 판매할 수 있는 플랫폼 타임쉐어(Time Share)를 개발하고 있다. 여유 시간의 유통 분야에서 하루빨리 변화를 일으키고 싶다.

커뮤니티와 경제의 관계 : 경제의 중심은 관계로

2장에서도 말했듯 2020년을 기점으로 산업의 중심은 '관계' 만들기로 전환된다. 커뮤니티의 형성과 발전이야말로 경제의 중심이 된다.

도표 35   산업은 '물건'에서 '관계'로

- 20세기에서 21세기에 걸쳐 산업은 '물건'에서 '관계'로 변화한다
- 인간은 더 이상 물건에 돈을 쓰지 않고 '누구와 시간을 보낼 것인가?'에 돈을 쓴다

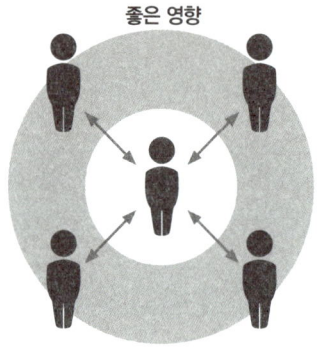

- 20세기 산업의 중심은 물건(편리성)
- 비즈니스란 표준화를 통해 프로세스를 단순화하고, 획일화로 상품을 익명화하고, 단일화를 통해 고객의 생명을 무기화하는 행위였다

- 21세기 산업의 중심은 관계(피어 이펙트)
- 고독은 47조 원의 손실과 건강에 나쁜 영향을 미친다는 사실이 입증됨. 영국에는 외로움 담당 장관이 취임
- 함께 생활할 사람을 선택하고 지속하는 데 대부분의 비용을 쏟아붓게 된다 (소속·임재경제)

21세기에 인간은 긍정적인 피어 이펙트(Peer Effect, 동료 효과)를 주는 인재를 옆에 두는 것에 가장 많은 돈을 들이게 된다. 앞으로 10년 이내에 사람들이 가장 많은 돈을 투자할 대상은 '임재(종교용어로 훌륭한 사람 곁에 있는 것을 뜻한다)'다.

고급 차나 별장, 퍼스트클래스도 아니다. 학교·회사·취미·가족·룸메이트를 불문하고 함께 생활하는 사람을 선택하고 관계를 유지하는 것에 비용의 대부분을 쏟아붓게 된다. **관계야말로 건강과 행복의 전부라는 것을 깨닫게 되기 때문이다**(도표 35).

2020년 이후, '일'은 이렇게 변한다

일은 노동에서 '공헌'으로

소사이어티(사회)에서 커뮤니티(공동체)로 변해가는 가운데, 우리가 일하는 방식이나 일은 어떻게 변화할까?

일의 변화를 한마디로 말하자면 **노동에서 공헌으로의 전환**이다.

시간을 들여 작업하는 것이 아니라 커뮤니티에 공헌하는 것이 일이 된다. 앞에서도 말했듯이 작업만이 아니라 어떤 사람은 **'존재'하는 것 자체가 일이 되는 경우도 있다.**

경제의 중심은 사물이 아니라 동료(Peer)가 된다. 그렇게 되면 누군가와 함께 있는 것 자체가 일이 된다.

알기 쉬운 예를 들어보자면 동호회 모임도 그 부류에 속한다. 무언가를 제공하는 작업을 동반하지 않고 함께 있는 것 자체가 상대에게 가치가 되기 때문이다.

따라서 우선은 **함께할 때 마음이 편한 사람이 될 필요가 있다.**

회사 조직에 소속되는 경우에도 가장 중시되는 것은 학력이나 기술이 아니라 '함께 일하고 싶은가?'라는 점으로 집약된다.

함께할 때 마음이 편한 사람이란 일반적으로 높은 커뮤니케이션 능력을 의미하는데, **커뮤니케이션 능력은 '타인과의 거리감 매니지먼트'**나 다름없다. 마음에 들지 않는 상사, 존경하는 선배, 미숙한 부하, 친구, 친척 등 다양한 사람에 대해 적절한 거리를 10단계 정도로 설정하고 그들을 대하는 방법, 말투, 어휘를 늘려가는 것이다.

상대를 거부할지 사이좋게 지낼지 같은 단순한 선택이 아니다. **상대와의 관계에 그라데이션(농담)을 주는 것이다.**

일하는 현장에서는 모두가 감정노동자다. 일하면서 사람 마음의 미묘한 감정을 민감하게 지각하고 적절한 대응을 의식하기 때문이다.

이 책은 생각하는 힘(생각하기 위한 의식의 사용법)에 대해 이야기하고 있는데, 뒤에서 자세히 소개하겠지만 의식의 사용법에는 상대의 기분에 초점을 맞추는 방법도 있다.

요즘 들어 AI나 로봇이 인간의 일을 빼앗을 것이라는 이야기가 들려오고 있지만, AI 위협론에 대해서는 크게 걱정할 필요가 없다. AI는 사고하지 않는다. 단지 계산할 뿐이다. 계산에 아무리 많은 함수와 변수를 사용한다고 해도 차원을 넘어서지 못한다.

AI의 목표는 어디까지나 정보의 최적화다. AI는 '프레임 문제'에 대처하지 못하는 데다가 상위 차원에서 사물을 파악하고 유기적으로 연결하는 것이 불가능하다.

그것이 가능한 것이 바로 인간의 강점이다.

인간은 의식을 사용할 수 있다. 의식은 차원을 넘나든다. 앞서 우리 모두가 감정노동자라고 말했듯 상대의 마음에 의식의 초점을 맞추면 자연스레 상대가 무슨 생각을 하고 있는지, 무엇을 원하고 있는지 알 수 있다. AI를 뛰어넘기 위해서는 계산 능력을 높이기보다는 **의식을 컨트롤하는 힘을 기르는 것이 중요**하다.

종적·횡적 연결고리를 만든다

일이 노동에서 공헌으로 전환될 때 우리가 받아들여야 할 구체적인 행동이 몇 가지 있다.

21세기에 있어서는 '업계 사람'의 가치가 계속해서 떨어진다.

전문성이 불필요하다는 이야기가 아니다. 가령 M&A라는 과제를 해결하는 데에는 회계나 재무, 세무, 법무, 인사, 업무, IT 등 전문가집단이 필요하다.

다만 현재 그러한 전문가집단(업계)이 기능적으로 뿔뿔이 흩어져 있기 때문에 아무리 업계 지식을 많이 갖고 있다고 해도 M&A처럼 커다란 과제는 해결할 수 없다. 그것은 뛰어난 경영자나 프로듀서 등 **메타 사고로 과제를 포괄적으로 바라보는 것이 가능하고 최적의 해결책을 생각해 내는 사람만이 가능하다**(도표 36).

나는 '업계'란 일종의 고정관념이라고 생각한다. 관념적으로 확립된 구조 속에서 운용하는 것, 그것을 업계라고 부른다. 그곳에서 우선시되는 것은 효율화며 구조와 목적이 정의된 수평적인 영역에서의 최적화는 이미 AI가 인간을 훌쩍 뛰어넘었다. 그 구성원인 '업계 사람'은 점점 살아남기 어려운 시대가 된다. 금융업계에서 일어나고 있는 대규모 구조조정이 업계 사람의 쇠퇴를 여실히 보여주고 있다.

만약 당신이 출판업계에서 일하고 있다면 IT업계나 예술업계와는 반드시 연결되어 있어야 하고, 세상에 존재하는 다양한 사회 과제에 대해서도 관심을 기울여야만 한다. 그리고 글로벌화에 대한 대처가 필요하다. 고작 1억 명 정도가 사용하고 있는 자국어를 고집할 것이 아니라 자기 나

도표 36 하이브리드형 인재의 가치가 높아지고 있다

- 미래에는 경영 과제에 대해 분야를 막론하고 횡적으로 생각하고 정책을 입안할 수 있는 능력이 필요하다
- 네트워크사회에서는 전문가집단 조달이 쉬워진다

름대로 자신 있는 언어를 선택하여 그 언어권에서의 출판 트렌드를 잘 살펴봐둔다면 자신만의 커다란 강점이 될 것이다. 만약 종이 미디어라면 웹 미디어나 애니메이션업계, 동영상 스트리밍업계와도 연계해둘 필요가 있다.

그렇게 **종적·횡적 연결고리를 촘촘하게 짜두지 않으면 새로운 발상이 생겨나지 않고, 사양산업인 출판업계 안에서 살아남지 못할 것이다.**

네트워크사회로 옮겨가면 전문성을 조달하기도 더욱 쉬워진다. 다수의 전문가에게 직접 일을 의뢰할 수 있는 크라우드 소싱도 있고 SNS 네트워크를 통해 전문 인재를 찾아내서 도움을 받을 수도 있다.

따라서 업계라는 틀을 넘나들며 새로운 가치를 만들어내는 하이브리드형 인재의 가치는 배가 된다. 가령 세무사의 연 수입이 5,000만 원, 베트남어 통역사의 연 수입도 5,000만 원이라면, 베트남어가 가능한 세무사의 연 수입은 5억 원이다.

예술의 세계에서도 대성공을 거둔 천재라고 불리는 사람들은 모두 하이브리드형 인재다. 세상에 그림을 잘 그리는 사람은 수도 없이 많지만, 피카소나 모네, 그리고 현대의 데미안 허스트 등은 특별한 경우다. 그들은 화가인 동시에 사상가, 철학자기도 하다.

물론 지금은 자신이 좋아하는 것에 몰두하면서 살기 좋아진 사회다. 하지만 만약 어떤 분야에서 눈에 띄는 성과를 올리고 싶다면 **자신의 아틀**

리에를 벗어나 닥치는 대로 지식을 탐하고 그런 지식을 통합하는 것이 성공에 이르는 길이다.

마스터·멘토를 둔다

어떤 일을 선택하든 마스터나 멘토가 필요하다.

커뮤니케이션 기술이나 행동, 생각하는 틀, 논리의 기준 같은 스킬은 '신체 지식'이며 언어화할 수 있는 것이 아니기 때문이다. 아무리 비즈니스 서적을 많이 읽어도 본질을 체득하는 것이 어렵다는 이야기다.

신체 지식을 체득하기 위해서는 **롤모델(스승)을 찾아 자세히 관찰하고 모델링하는 것이 성장을 위한 지름길이다.**

마스터는 직업축의 연결고리고 멘토는 사적인 축의 연결고리다. 전자가 티칭이나 코칭을 해주는 '스승'이라면, 후자는 삼겹살을 사주며 조언을 해주는 '선배' 같은 존재를 말한다(도표 37).

커리어를 쌓는 데 마스터와 멘토는 필수다. 지방 공장에서 일하든 뉴욕의 골드만삭스에서 일하든 매한가지다.

모넥스그룹의 CEO 마쓰모토 오오키의 마스터는 존 메리웨더다. 존 메리웨더는 세계적인 천재들을 불러 모아 LTCM이라는 헤지펀드를 만들었고, 여전히 활발하게 활약 중인 전설의 투자가다. 그런 메리웨더는 세

도표 37　마스터·멘토와의 관계

- 마스터·멘토의 계보는 이어진다
- 반드시 네 방향(마스터/멘토/후배/제자)을 갖는다

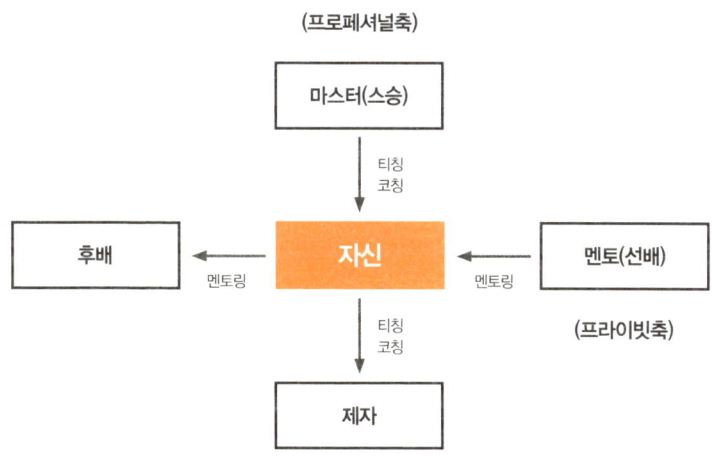

계 최대 투자펀드인 퀀텀펀드를 거느리고 있는 조지 소로스를 스승으로 모시고 있다.

이처럼 마스터와 멘토의 계보는 이어지기 마련이고 그것은 21세기에 들어서도 변하지 않는다. 오히려 네트워크사회 덕에 지금껏 만나기 어려웠던 사람과도 연결되기 쉬워졌다.

따라서 자신이 성장했을 때는 귀찮아하지 말고 프로페셔널축에 '제자'를, 프라이빗축에 '후배'를 두어 그 계보를 영속시켜나가는 자세가 중요하다.

마스터나 멘토를 꼭 자신과 가까운 곳에서 찾을 필요는 없다.

자신이 습득하고 싶은 분야에서 능력이나 인간적으로 존경할만한 사람을 발견했을 때 적극적으로 제자가 되는 방법도 있다. 책이나 기사를 읽고 감명을 받은 사람에게 SNS를 통해 직접 메시지를 보내 약속을 잡거나 강연회에 참가하여 교류 시간에 안면을 튼 뒤 페이스북 등을 통해 그 사람이 무언가 프로젝트를 시작할 때 가장 먼저 손을 들고 무상으로 공헌하는 것이다.

제자가 된 뒤에 가장 중요한 것은 1장의 서두에서 말했듯 **사교력**이다. 그리고 **쓸모 있는 녀석**이라고 인정받는 것이다.

순수함을 기른다

마스터, 멘토와 더불어 **직업훈련에 있어서 최대의 미덕은 '순수함'**이다. 순수한 사람은 두뇌의 하드디스크 드라이브에 여유 공간이 있어서 어린아이의 몸처럼 사고도 유연하다.

실제로 우리 회사에서는 가능한 한 사회 경험이 없는 사람을 채용하려고 한다. 경험이 없을수록 일의 '형태'를 가르치기 쉽기 때문이다.

경험이 없는 사람은 그것을 자신의 약점이라고 생각하기 쉽지만 사실 어필 포인트다. 다양한 신입사원에게 일을 가르쳐온 입장에서 단언할 수 있다.

서른이 넘었어도 직무 능력이 아직 몸에 배지 않은 경우라면 역시 최고의 가치는 순수함이다. 주눅들 필요가 없다.

순수함은 타고난 특성이 아니라 훈련으로 습득된다.

사물의 전체 모습을 바라본다. 사물을 흑백논리가 아니라 그라데이션으로 바라본다. 구체적으로 말하자면 자신의 인생에서 부정해온 것을 긍정해본다. 싫어하는 사람, 서툰 영역, 지금껏 피해온 공부를 긍정적으로 재고한다.

이러한 훈련을 한 달 정도 지속하면 한곳에 흡착해 있던 자신의 사고 패턴, 즉 편견이나 고정관념을 하나씩 풀어내는 것이 가능하다.

지방과 해외로 활로를 모색한다

훈련도 좋지만 어디에서 노력할 것인가에 대해서도 생각해봐야 한다.

이 나라의 미래가 꽉 막혀 있다고 느끼는 많은 젊은이가 마음속으로 '혁명'을 원하고 있다. 하지만 아쉽게도 가까운 미래에 천지개벽할 '혁명'이 발생할 이유는 없어 보인다.

그렇다면 지금의 젊은이들은 어디에서 활로를 찾아야 할까?

방책은 두 가지가 있다. **'지방'**과 **'해외'**다.

이노베이션은 이미 '주변'에서 일어나고 있다(도표 38). '주변'은 '현실'과 맞닿아 있어 마찰이 생기기 때문이다.

예를 들어 일본의 코어인 도쿄의 관공서 밀집 지역에서는 현실을 반영하지 않은 채 탁상공론뿐이다. 만약 뜻이 있다면 지방에서 새로 시작하는 것도 방법이다. 에도시대 말기의 유신도 지방의 탈번지사(脫藩志士, 허락 없이 자신이 거주하는 지역을 벗어난 무사)가 있어서 가능했다는 사실을 잊지 말자.

한 번쯤은 이 나라 밖으로 나가보는 것도 좋다.

지금껏 '기업', '국민', '정부'는 삼위일체로 인식되어 왔지만, 앞으로는 서서히 분열이 일어날 것이다.

2006년 즈음부터 '기업'은 국경을 넘어 세계와 경쟁하기 시작했다.

도표 38   이노베이션은 주변에서 일어난다

- 이노베이션은 항상 현실과 맞닿아 있는 주변에서 일어난다

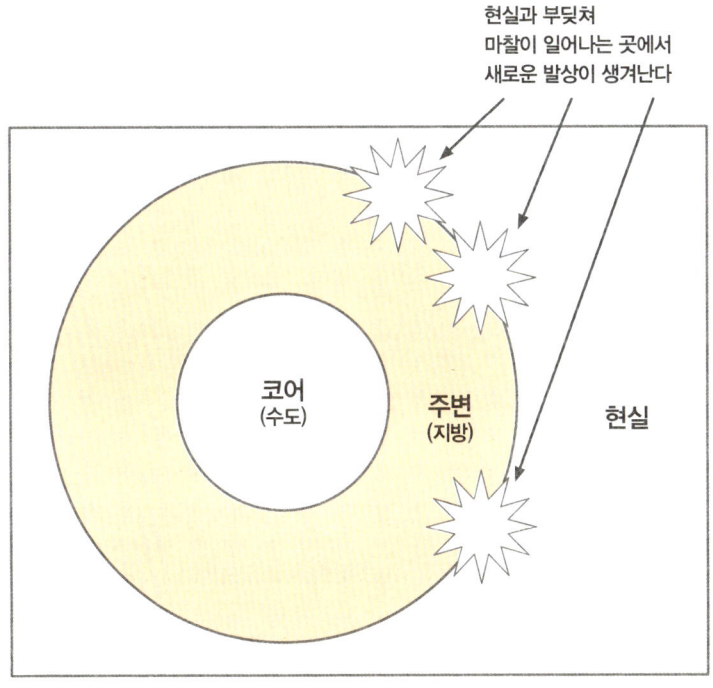

세계시장을 의식하여 외국인 유학생을 적극적으로 채용하는 기업도 늘고 있다. 기업이 반드시 자국민을 고용해야 한다는 법은 없다. 이 점을 결정적인 계기로 '기업', '국민', '정부'는 분리·반발하게 된다. 우수한 외국인을 새로운 승무원으로 맞이한 기업부터 서둘러 세계 항해에 나서고 있다.

국경 안에 머무는 기업은 정부의 비호 아래에 있는 큰 규모의 기업과 힘없는 중소 영세기업뿐이다.

그럼 '기업'에서 사라질 가능성이 큰 '국민'과 '정부'는 어떻게 나올까?

전제로서 행정의 비효율성은 사라지지 않는다. 시민혁명을 경험하지 않은 일본의 경우 실질적으로 봉건국가이며 국민이 '체제'를 거스르는 일은 절대 일어나지 않는다.

그렇게 되면 재원 확보가 문제가 되기 때문에 정부는 떠나보내기 싫은 기업을 붙잡고자 법인세를 낮추는 방안을 추진한다. 그 여파가 바로 소비세 증세다.

소비세 증세는 내수의 압박으로 이어지고 국내 상황은 더욱 악화된다.

국민 자금이 정체되면서 정부는 재원 확보를 위해 고심할 것이다. 일본의 경우 정부의 부채와 국민의 예금·저금은 각각 1,000조 엔으로 플러스마이너스 제로의 관계에 있지만, 그것은 국민이 간접적으로 국채를 산 경우에 성립되는 관계다.

하지만 국민도 더는 우체국 은행에 돈을 맡기고 정부에게 속을 정도로 바보는 아니다. 글로벌 기업으로 진화하는 일본 기업이나 성장하는 해외 기업·자산으로 조금씩 재산을 옮겨갈 것이다.

국민에게서도 재원을 확보하지 못하면 정부는 국민의 요청을 아무것도 들어줄 수가 없다. 그럼 앞으로 새로운 조직이 생겨나 이 나라를 이끌어갈 것인가 하면, 정보화·분산화가 진행된 지금 그런 일은 일어나지 않는다.

결국 떠날 수 있는 사람부터 침몰하는 배에서 떠나게 된다.

젊은이들은 세계로 진출하는 신진 중견 기업에 들어가거나 세계에서 경쟁하는 외국계 기업, 혹은 자신의 힘으로 세계에 뛰어드는 수밖에 없다. 그것이 불가능하다면 지방이나 가상세계에 새로운 커뮤니티를 형성하여 그 안에서 소소한 행복을 누리며 생활하게 될 것이다.

정직원은 리스크일 뿐

나는 종종 학생들에게 진로상담을 해주곤 하는데, 취직을 권하지는 않는다. 돈과 건강으로 인해 문제를 겪는 회사원 친구가 있으면 휴직을 권한다. 그 이유는 무엇일까?

본래 회사에 취직하는 것은 '직업상의 기술' 혹은 '신용'을 위해서다. 하지만 대부분의 회사에서는 직업상 기술을 익히지 못한다. 구세대의 산업 시스템이나 그 회사만의 독자적인 문화를 몸에 익히는 것은 시장가치로 말하자면 오히려 리스크가 될 수 있다. 그것에 사회적 신용을 담보할 수 있는 기업은 3~5%뿐이다. 모두가 아는 세계적인 기업이나 손에 꼽을 수 있다.

다시 한 번 말하지만, **앞으로의 시대에서 신용은 개인이 만들어간다.**

내가 생각하는 커리어 설계법은 세 단계로 나눌 수 있다(도표 39).

10~20대는 '수행기'로, 마스터나 멘토에게 업무 기술을 배우거나 유학·인턴을 통해 해외를 경험한다. 혹은 대학원 등에서 비즈니스를 공부한다.

특히 20대는 조금씩 신용을 만들어가야 한다. 신용을 사용하는 것은 20~40대 이후다. 돈과 마찬가지로 낭비하지 말고 차곡차곡 쌓아두는 것이 좋다.

신용을 빠르게 쌓기 위해서는 일을 할 때 반드시 상대가 갖는 기대치의 20%를 넘기는 것이 중요하다. 나는 이것을 120% 규칙이라고 부른다.

달리 말하면 **자신의 사고와 지식의 한계에서 8할 정도만 사용해도 충분한 성과를 올릴 수 있는 일을 고르는 것이 상사나 클라이언트에 대한 성의**라고 생각한다.

반드시 자신의 돈을 들여 기술을 연마하고 연구한다. 그렇게 신용 잔고를 늘려가다 보면 차츰 기회가 엿보일 것이다. 반대로 **수행 기간인 20대에 돈이나 지위, 명예를 좇으면 잘 풀리지 않는다.**

도표 39 커리어의 수파리

- 커리어에는 수파리(守破離)*가 있다
- 20대는 수행의 시기, 30~40대에는 리더를 경험하고 50~60대에 독립된 조직을 이끈다

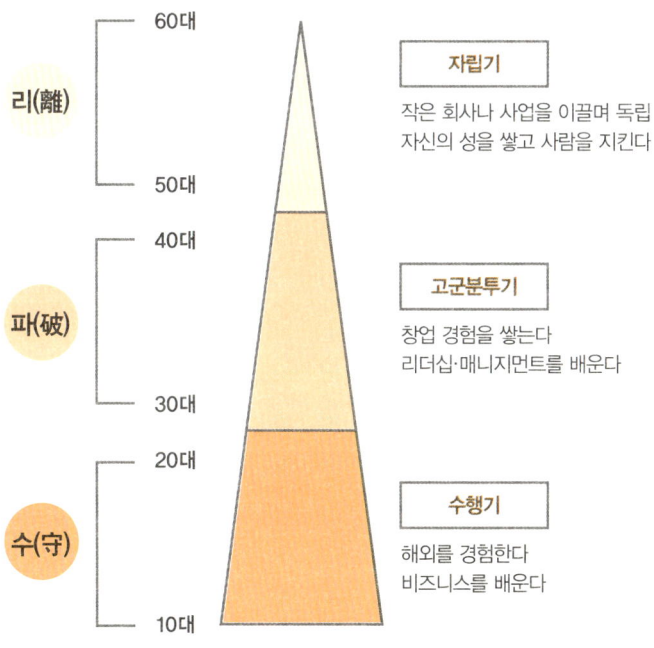

* 수파리는 불교용어로 수행이나 무술을 연마할 때 쓰인다. 스승의 모범을 따르는 수(守), 그 규범을 부수는 파(破), 자신만의 길을 찾는 리(離)의 과정을 말한다.

30~40대는 '고군분투기'로, 창업 등을 경험하면서 리더십과 매니지먼트를 배운다. 30대 전후가 되면 자연스레 새로운 미션이 싹트고 새로운 결심을 하는 사람도 생긴다.

다만 업계를 뛰어넘어 큰 도전을 하고 싶다면 40세 이후가 좋다. 40세 정도에 이르러서야 비로소 진정한 가치를 발휘하는 것이 가능해지기 때문이다(오히려 40대에 제대로 가치를 만들어내지 못하면 50대 이후에는 때를 놓치고 만다).

50대, 60대는 자립하여 회사를 이끌어가며 자기 사람을 지킨다.

이처럼 불교와 무도에서 말하는 '수파리(守破離)'의 순서에 따라 **인생에서 3회 정도 비연속적으로 커리어를 바꾸며 살아가는 것이 가장 이상적이다.**

대기업에서 아무리 우수한 사원이었어도 35세 이후에는 회사 밖으로 나와 넓은 시장에서 다양한 리소스의 제약에 맞서 싸워보지 않으면 우물 안 개구리가 될 가능성이 높다.

그런 의미에서 '**하나의 기업에서 계속해서 일한다**'는 발상은 버리는 **것이 좋다.**

나 같은 40대들은 종종 '정사원이 되어야 삶이 안정된다'라고 말하는데, 사실 그렇지도 않다. 신입사원의 30%가 3년 이내에 처음 근무했던 기업을 떠나는 시대다. 그것이 긍정적인 이직이면 좋겠지만 특히 젊은 세대의 퇴직은 마음의 병이 원인인 경우가 많고, 그 후의 커리어가 저공비행 하는 경우도 많다. 즉, **정사원을 고집하는 것은 장기적인 시점에서 봤을 때 오히려 불안정해질 수 있다.**

그렇다면 상명하달식 조직문화에서 자유롭지 못한 직장을 선택하기 보다는 불안정한 비행이긴 해도 시간과 사람과의 거리감(스트레스 정도)을 자유롭게 조절할 수 있는 **'건강한 자립'을 선택하는 것이 장기적으로 안정된 삶을 사는 길**일지도 모른다.

네트워크사회에서는 그런 삶을 사는 것이 더욱 자유로워진다(도표 40).

회사를 키우는 힘, 오퍼레이션과 이노베이션

인간은 뭐든지 '할 수 있다, 없다'로 선택하려 들지만, **요즘 같은 시대에는 '하고 싶은 일'을 우선시해야 한다.** 인간은 좋아하는 일을 할 때 가장 집중하며 스킬도 향상되기 때문이다.

채용하는 입장에서도 관리 비용이 가장 적게 드는 사람은 충성심을 갖고 일에 전념할 수 있는 사원이지 결코 일을 잘하는 사람이 아니다.

회사는 오퍼레이션(업무)과 이노베이션(진화)의 상승작용으로 그 힘을 발휘한다.

만약 어떤 기업이 일을 잘하는 사람이나 실적이 좋은 사람만을 원하고 있다면, 그 회사는 매우 기능 중심적이며 외적 변화에 약하다고 판단

도표 40　앞으로의 커리어

- 커리어는 언제까지고 쌓아 올리는 것이 아니다
- 학창 시절에 창업을 하거나 졸업 후에 프리랜서로서 스킬을 연마하는 방법도 있다

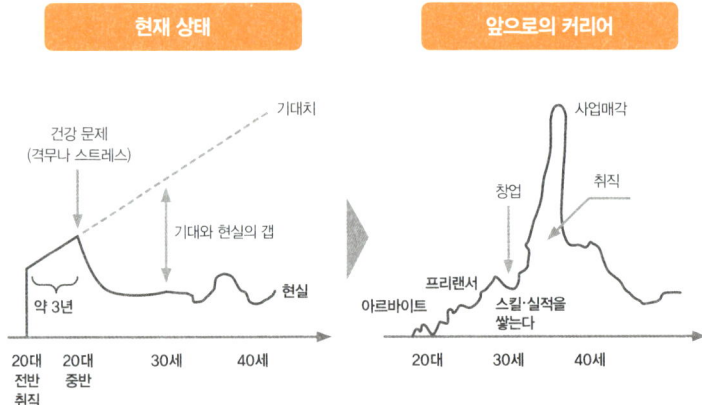

할 수 있다. 이런 회사는 처음부터 피하는 것이 좋다.

앞으로의 기업은 이노베이션(진화)을 견인할 수 있는 인재를 원한다.

그런 점에서 의지만 있다면 자신이 취직하고 싶은 회사의 사업에 대한 지식이나 경험이 없어도 그동안 쌓아둔 식견을 바탕으로 충분히 진화를 촉구할 수 있다. 따라서 **실적이나 경험이 없어도 당당하게 자신이 하고 싶은 일을 할 수 있는 회사를 고르면 된다.**

길은 반드시 열릴 것이고 실제 내 주변에서도 그런 염원을 버리지 않았던 사람들은 지금 하고 싶은 일을 마음껏 할 수 있는 환경을 손에 넣었다.

커리어의 8가지 롤모델

'자유롭게 살자'라고 다짐한들 새로운 롤모델이 없으면 누구든 길을 헤매기 마련이다.

여기에서는 참고를 위해 내가 정리한 '8가지 롤모델'을 간단히 소개하려고 한다.

나는 '8가지 롤모델'을 통해 다양한 커리어 패스(career path)가 성립하는 시대가 될 것을 설명하고, 각각의 커리어 패스를 초기에 스스로 선택하여 효율적으로 준비하고 공부할 수 있는 인생 커리어 제도를 제안

도표 41   인생 커리어 제도 – 8가지 롤모델

연령별 교육 경로 (평생교육)

- 80~60: 직업 교육
- 60~40: 직업 교육 / 취업 중 / 전문대학교
- 40~28: 직업 교육 / MBA / 기술학교
- 28~22: 대학원(석사·박사) / 전문대학교
- 22~18: 대학·대학원(조기졸업) / 대학교 / 전문대학 / 고등전문학교(마이스터고등학교) / 대학·대학원 / 전문학교
- 18~15: 엘리트 교육(기숙사학교 등) / 중등교육(중학교·고등학교)
- 12: 직업 선택의 기회 / 기초교육
- 귀국 자녀 / 유치원·보육원·인터내셔널스쿨

롤모델 분류	❶ 지니어스 클래스	❷ 매니지먼트 클래스	❸ 크리에이티브 클래스	❹ 마이스터 (장인)	❺ 감정노동자	❻ 커뮤니티 리더	❼ 화이트칼라 미들	❽ 오퍼레이션 인재		
								제3차 산업	제2차 산업	제1차 산업
인물 예시	· 이론물리학자 · 세계적인 운동선수	· 루 거스너 · 잭 웰치	· 칼 라거펠트 · 카림 라시드	· 숙련공 · 장인	· 간호사 · 임상심리사	· 커뮤니티 운영진 · 종교인	· 대기업 관리직	· 사무직	· 공장 노동자	· 농업, 어업 종사자
해외 사례나 제도	· 엘리트 스포츠 · 조기졸업제도	· 프랑스 그랑제콜 · 기숙사학교	· 런던 로열 컬리지 오브 아트	· 독일 마이스터제도		· 커뮤니티 리더 검정 · 종교 신학교	· MBA제도			
인구 비율		학생 35만 명 (프랑스)	학생 2.5만 명 (런던)	학생 79만 명 (독일)		학생 17만 명 (미국)				
연간 수입	수억~수십억 원	1억~수십억 원	5000만~수십억 원	5000만~2억 원	5000만~2억 원	5000만~1.5억 원	5000만~1.5억 원	2000만~7000만 원	2000만~7000만 원	2000만~7000만 원

한다(도표 41).

도표 속 ❽에 있는 오퍼레이션 인재 이외에는 모두 프로페셔널 인재(혹은 소수의 지니어스 클래스)다. 프로페셔널 인재란 새로운 상품·서비스 개발 등에 매진하여 기업의 성장전략을 구현하는 인재다.

오퍼레이션 인재란 사전에 정해진 정형의 일을 해내는 인재를 말하며 기간제 파견사원이나 계약사원, 아르바이트 등이 이에 해당한다.

현재 생산인구의 약 80%를 오퍼레이션 인재가 차지하고 있지만 2045년까지는 그 비율이 60% 정도로 줄어들고 그만큼 프로페셔널 인재가 늘어나는 것을 이상적인 배분으로 보고 있다.

아직은 가설에 지나지 않지만, 추상론을 이야기하는 것보다 가설이라도 구체적인 설명이 더 납득하기 쉬울 것 같아 구체적인 안을 제시한다. 이 8가지 롤모델은 무엇이 더 훌륭하다든지 우위에 있다든지 하는 격차 없이 개인의 자질에 맞춰 선택한다는 것을 전제로 한다.

미래의 산업은
로보틱스에 주력한다

미세조정 문화와 로보틱스

일본 기업의 강점을 잘 생각해보면 **가치관을 공유한 멤버가 서로 세밀하게 조정하면서 하나의 제품을 만드는 힘**에 있다.

대표적인 것이 자동차다. 자동차는 수만 개에 달하는 복잡한 부품을 조립하고, 애프터서비스나 금융과의 교배가 일관성을 갖고 유저에게 제공되는 전형적인 일본 기업 제품이다.

하지만 전기자동차로의 전환과 AI 도입에 따라 자동차는 장인의 기술이 빛나는 기계 계통이 아니라 모듈화된 부품이 조립된 전기 제품으로 변해버렸다.

다시 말하자면 차별화가 어려운 제품으로 자리 잡아가고 있다는 이야기다. 그렇게 되면 고도의 미세조정 문화가 살지 못한다.

반면 유럽과 미국에서 성장한 마이크로소프트를 비롯한 페이스북이나 구글 등의 강점은 미세조정 조직문화가 아니라 천재들에 의한 알고리즘 개발에 있다.

하지만 일본은 이런 분야에 약하다. 일본은 알고리즘에서 소프트웨어·하드웨어, 네트워크, 서비스까지의 긴 릴레이를 거쳐 유저에게 가치를 제공하는 구조에 강하다.

예전에는 조선, 지금은 자동차가 그 대상이었지만 앞으로 일본 기업이 집중해야 할 것은 본격적인 로보틱스(로봇공학)와 우주 개발이다. 이 분야는 거대하고 복잡한 기능의 조합으로 성립되며 마진율도 높고 아직 상품화되어 있지 않다. 일본이 경제적 융성을 이어가려면 21세기 중반부터는 로보틱스에 주력해야 한다.

인생의 목적을 생존에서 창조로 변화시킨다

확대·팽창노선을 가는 선진국에서는 여전히 대량생산·대량소비의 사이클에 의해 경제를 순환시키는 것이 기본 전제이며, 실제로 인간이 생존하기 위해 필요한 것은 이미 넘쳐난다.

일본에서는 전국적으로 인력이 부족하여 구직자 1인당 일자리 수가 버블경제 시기를 뛰어넘었다. 또한 덴쓰의 과로 자살 사건이 발단이 되어 장시간 노동이 문제시되고 있다.

이렇게나 많은 사람을 모아두고 장시간 일을 시켜서 대체 무엇을 만들어내려는 것일까?

게다가 일본의 샐러리맨은 대부분 가치 창조와는 거리가 먼 회의나 타 부서의 업무를 만들어내기 위한 자료 작성 등에 시간을 허비하고 있다. 기업은 가치를 창출하는 경제체가 아니라 급여라는 이름의 연금을 월 300만 원씩 나눠주는 사회복지단체로 변해가고 있다. 그것을 은행이나 정부, 행정기관이 필사적으로 뒷받침하고 있는 거대한 허구에 불과하다.

그런데도 어째서 이렇게 많은 사람이 불합리한 상사나 비합리적인 업무를 참아내고 있는 것일까? 어째서 정부는 채용이 중요하다고 말하는 것일까? 케인스가 말하는 경제에서의 노동·채용 효과를 신봉하고 있기 때문일까?

당연히 그렇지 않다. 이유는 바로 '**아이덴티티**'에 있다.

출세나 급여, 매출 같은 기존의 지표에 전념하면 '살아가는 의미'를 잃지 않아도 된다. 생활비는 낮아지고 전국의 빈집 비율이 14%인 시대, 우리는 이미 생존이 보장되어 있다는 사실을 알고 있다.

하지만 허구 속에서 자신의 아이덴티티를 확립해버린 사람은 그 허구를 직시하려고 하지 않는다. 허구를 인지하고 있는 것은 일부의 젊은이들이다.

허구는 오래가지 못한다. 경제 시스템이 안고 있는 잉여가 축소되면 AI의 도입 여부와 관계없이 사회는 인간이 남아돌고 거리는 실업자로 넘쳐날 것이다. 그때 매스컴은 정부를 비판하고 나설 테지만, 고전적인 노동의 의미(즉, 생산)에서 보면 높은 실업률은 그만큼 국가가 부유하다는 뜻이 된다.

오히려 **실업률은 '노동해방률'**이라고 바꿔 말해야 한다.

그런 시대가 되면 우리는 인생의 목적을 '생존'에서 '창조'로 변화시켜야 한다. 다만 그것은 패러다임 시프트가 필요해진다는 뜻이므로 간단한 일은 아니다.

인생의 의미를 '생존'에서 '창조'로 전환할 수 있는 방법 중 하나는 **니트로 1~2년 동안 명실공히 생산을 포기하는 기간을 계획하는 것**이다.

처음에는 익숙하지 않을 수 있다. 니트 초심자가 할 수 있는 일은 기껏해야 가상통화 거래나 PC방 등지에서 단순히 시간을 때우는 정도의 일뿐이다. 하지만 그런 세계에 몸담고 있으면 어느새 금단증상이 나타난다. 어떻게 해서든 사회에 복귀하고 싶어진다. 먹고살기 힘들어서가 아니다.

삶의 의미를 찾을 수 없기 때문이다.

힘들 수도 있지만, 이 기간을 견뎌내면서 기존의 사회지표가 아닌, **자신만의 지표를 설계해야 한다.** 처음에는 단순한 것이라도 좋다. 나이키 플러스로 조깅을 기록하거나, 요리 레시피 사이트에 자신이 만든 레시피를 올리거나, 채소를 기르고 수확량을 기록한다. 구글맵을 사용하여 자신이 여행한 장소에 별 표시를 한다.

작은 기록이 작은 성취감을 주고 성장을 촉구한다. 차츰 커다란 사회적 목표가 생겨나고 '타인에게 공헌해보자'라는 생각에 이른다. 공헌을 돈으로 변환하는 것이 가능해진다. 그것이 새로운 시대의 일하는 방법이다.

그것을 지속해나가면 일과 일을 조합하여 더욱 큰 가치를 창조하는 시스템을 만들어낼 수 있다. 그것이 비즈니스 창조다. '**일은 놀이다. 비즈니스는 가치와 신용을 창조하는 게임일 뿐이다**'라고 느끼기 시작했다면 **패러다임 시프트가 완료됐다는 증거**다.

솔직히 말하면, 2020년까지는 놀고먹고 편하게 살아도 괜찮다고 생각한다.

앞에서도 말했듯이 2020년부터 모든 룰이 바뀌기 때문이다.

일은 노동에서 공헌으로 변한다. 개인이 활약하는 시대와는 다르다. 막대한 돈을 벌어들이는 개인이나 스타는 더 이상 관심의 대상이 아니다.

이 원고를 쓰고 있는 사이, 르노 닛산의 회장 카를로스 곤이 체포되었다. 카리스마의 추락이다. 개인의 시대는 막을 내리고 개성의 시대가 열린다. 개성과 개성을 퍼즐 조각처럼 조합하여 전체를 구성해나간다. 그리고 그것을 공동체 안에서 행한다.

그것이 바로 일에서의 변화다.

다시 한 번 강조하지만, 우선 개인(자신)을 잊자. 그리고 개성을 발견하자. **업계, 지역, 국경, 회사 조직을 넘어 각각의 개성(천재성)을 조합하자.** 그렇게 하면 커다란 공헌을 이끌어낼 수 있다.

개인에서 '관계'로의 시프트

개인과 개성은 분리된다

마지막으로 자신, 즉 당신 자신의 변화의 본질에 대해 이야기하려고 한다.

평소 '나는 무엇인가?'에 대해 생각하는 사람은 많지 않다. 자신이란 '개인'이며 개인이란 신체와 몸에 두르고 있는 옷 정도로 생각하고 있을 것이다. 사람들이 옷차림이나 몸가짐에 신경 쓰고 있다는 것에서 그러한 점을 유추할 수 있다.

앞으로 일어날 변화는 자신이라는 개념의 역전 현상이다. 결론부터 말하자면 자신이란 육체도 개체도 아니다. 인간과 인간 사이에 있는 의식을 말한다.

지금까지는 '인간(人間)'이라고 쓰고 '사람(人)'을 중시했다. 하지만 사람(개인)은 더 이상 주인공이 아니다. '인간(人間)'이라고 쓰고 '사이(間)'를 중시해야 한다.

사람에서 사이로의 시프트다. 이를 위해 개인과 개성을 분리해야 한다. 개인에서 관계로의 시프트. 이것이야말로 2021년 이후 일어날 가장 큰 변화다.

개성과 사회성의 교점을 찾는다

수년 전 한 버라이어티 프로그램에서 젊은 여배우가 방송국 조명 스텝에게 '어째서 조명기사가 되려고 생각했을까'라고 한 말이 인터넷에서 논란이 된 적이 있다. 세상의 조명 스텝 중에 '조명 스텝이 되기 위해 태어났다'라고 자신 있게 말할 수 있는 사람은 많지 않을 것이다. 하고 싶지 않은 일이라도 해야 할 상황에 놓이기도 하는 것이 우리네 인생이다.

가령 지방에 살고 있는 중·고졸 여성이 독립해서 살아야만 한다면 음식점에서 아르바이트를 하거나 간병에 관련된 일을 하는 등의 선택지 정도밖에 없다.

어째서 이렇게 되어버렸을까? 그것은 **돈이라는 숫자에 의해 사회에**

서의 커뮤니케이션이 일원화되면서 인간의 개성과 사회의 다양성이 사라졌기 때문이다.

분명 인류에게 돈은 최고의 발명이었다. 돈의 목적은 사회적 커뮤니케이션의 철저한 효율화이며, 반대로 그 문제의 본질은 개성의 상실이다.

돈은 범용성이라는 강점으로 사회성을 확장했다. 하지만 인간은 사회성만으로는 살아남지 못한다. 돈이 갖는 강력한 범용성은 개성을 희생시켰다. 그것이 우리가 잠재적으로 돈을 싫어하는 이유다. 개성의 상실은 곧 아이덴티티의 상실로 이어진다는 사실에 두려움을 느끼기 때문이다.

인류사를 돌아보면 인간은 '개성'과 '사회성'이라는 상반되는 특성을 조합할 수 있었기 때문에 생물계의 우두머리에 군림할 수 있었다. 인간은 메뚜기 떼가 아니다. 인간이란 개성과 사회성이라는, 어떻게 보면 상반되는 요소를 양립시키는 것을 생존전략으로 삼은 생물이다. 하지만 돈은 개체가 갖는 유기적인 가치를 떨어뜨린다.

그렇다면 어떻게 해야 할까?

답은 **각자의 개성을 복권(復權)하는 것**이다.

요즘 새삼스레 몬테소리 교육이나 슈타이너 교육이 화제가 되고 있다. 자녀가 있는 내 친구들 대부분이 얼마 전까지만 해도 '수험에 집중한다'라고 하더니 지금은 하나같이 몬테소리 교육이나 NPO에 아이들을 보내고 있다. 개성을 살리는 것이 중요하다고 생각하기 때문이다.

페이스북의 마크 저커버그나 구글의 세르게이 브린이 어린 시절 이러한 교육을 받았다는 점이 프로모션 효과를 불러온 것도 있지만 역시 '아이들은 천진난만하게 좋아하는 것을 하는 편이 좋지 않을까?'라고 생각하는 부모가 늘고 있기 때문일 것이다.

몬테소리 교육은 단일 가치관에 사로잡혀 있는 사회에서 점점 잃어가는 개성을 되찾고 생물로서의 강점을 되찾기 위한 반작용이 되고 있다.

앞으로의 교육은 아이의 천재성을 발견하여 발전시키는 쪽으로 그 흐름이 바뀔 것이다.

참고로 교육(education)이라는 말은 라틴어의 'EDUCO'에서 온 것으로, 인간이 본래부터 지니고 있던 재능을 '끄집어낸다'라는 의미다. 하지만 우리가 받아온 대부분의 교육(learning)은 지식의 전수에 초점이 맞춰져 있어 스스로 생각하고 답을 찾아내는 능력을 기르지 못했다. 다만 도출해내는 능력은 단련하면 익힐 수 있다. 인간이 본래 지니고 있는 능력을 끄집어내는 것은 생물 다양성 관점에서 보면 당연한 일이다.

행복의 절반은 천재성을 깨닫고 있는가로 결정된다

신용주의사회에서 개성은 '천재성'이라는 단어로 바꿔 말할 수 있다.

인생의 행복을 결정하는 요소 중 50%는 자신의 천재성을 깨닫고 그것을 발휘하고 있는지에 달려 있다. 나머지 절반은 사람에 따라서는 쾌락

일 수도 있고 휴식일 수도 있고 아드레날린일 수도 있지만, 적어도 **50%는 '천직'을 만났는가에 달렸다.**

우부카타 도우의 《천지명찰》이라는 소설이 있다. 에도시대의 천문역학자 시부카와 하루미가 수학·천문학에 매달려 실패를 거듭하면서도 결국에는 달력을 만들어낸다는 스토리다.

이 소설은 '행복했다'라는 문장으로 시작한다. 실패를 반복하는 인생이었지만 행복했다고 말한다. 그것은 시부카와 하루미가 수학과 천문학이라는, 자신이 잘하는 분야에서 천재성을 발휘할 수 있었기 때문이다.

만약 취직이나 이직을 생각하고 있는 사람이라면 **자신이 무엇을 잘하는지, 자기분석을 위해 충분히 시간을 투자해야 한다.**

나는 사업가로서 사업을 성공시키고 매각했지만, 사업을 하는 것과 투자를 하는 것은 기본적으로 도박이나 다름없다. 하지만 차이점은 있다. 나의 천재성을 포함하여 내가 정말 잘할 수 있는 일을 주의하여 살핀 결과, 타인보다 조금이라도 우위의 상태에서 경쟁한 것이다.

물론 사업이나 일에도 운이라는 요소가 중요하지만, **단순하게 생각했을 때 역시 자신의 특성에 맞추는 편이 승률을 높인다.**

하나씩 풀어가다 보면 반드시 원석이 보인다. 그것을 발견하기 어렵게 만드는 것이 화폐경제와 수직사회라는 누름돌인데, 앞에서도 말했듯 사회와의 관계에 있어서는 최소한의 몫만 하면 된다.

젊었을 때 다양한 경험을 한다

앞서 하루라도 빨리 천재성을 깨달으라고 말했지만, 반대로 말하면 자신의 천재성을 깨닫기 전에 안이하게 사회에 발을 들여서는 안 된다. 만약 안이하게 첫발을 내디뎠다면 한 번쯤은 사회와 거리를 두고 생각해보는 것이 좋다.

특히 취업에서는 졸업예정자의 가치가 높기 때문에 가능한 한 오랫동안 대학에 머물면서 다양한 경험을 하는 편이 좋다.

천재성을 발견하기 전에 사회에 발을 들여버리면 신용을 쌓을 자원도 준비하지 못한 채 그저 AI와 로봇에게 혹사당하고 만다.

나이는 관계없다. 나는 항상 나 자신이 어디에 쓸모가 있을지 매일같이 찾고 있다.

아마존 창고에서 상품을 준비하던 사람들은 로봇에게 그 포지션을 빼앗겼다. 지금 그 사람들은 자기 일을 빼앗은 로봇이 안전하고 올바르게 작동하고 있는지 감시하는 일을 하고 있다. 하지만 감시는 로봇의 특기 분야이며 가까운 미래, 그들은 그 일마저 빼앗길 운명에 놓였다.

유럽이나 미국에서는 졸업예정자 특혜가 없기 때문에 대학을 나와서 세계를 여행하거나 NPO 등에서 사회 경험이나 실적을 쌓아 25~28세 정도에 취직하는 것이 일반적이다.

반면 일본에서는 공채 문화의 영향으로 자신의 천재성을 찾기도 전에 취직해버리고는 기대와 현실의 차이, 혹은 모티베이션 유지에 어려움을 겪는 사람이 끊이지 않고 있다. 하지만 이러한 획일적인 취업관은 조금씩 변화하고 있다.

우리 회사에서 일하는 인턴만 봐도 대학을 휴학하고 해외나 기업에서 경험을 쌓거나 대학원에 진학한 뒤 20대 후반이 되어서 겨우 어딘가에 자리를 잡고 일하는 케이스가 눈에 띄게 늘고 있다.

또한 나의 친형이 운영하는 일본인 학생을 위한 해외 비즈니스 인턴십 사업에도 재학 중에 해외에서 비즈니스를 경험하고 싶어 하는 학생이 매년 1,000명 이상 모인다.

이처럼 커리어를 만드는 데 있어서 한층 유연해진 방법도 앞으로는 일반적인 일이 되어갈 것이다.

'하고 싶은 일을 못 찾았다면 일단 일을 시작하라'라는 정사원 지상주의나 '천직을 찾아 헤매도 찾을 수가 없다. 계속하다 보면 그것이 천직이 된다'라는 천직승화론은 어디까지나 수직사회의 로직이다.

나는 대학을 졸업할 때까지 아르바이트를 포함하여 20여 종류의 일을 경험했다. 공장에서도 일해보았고, 이삿짐을 나른 뒤 곧바로 외국계 금융회사의 번듯한 오피스에 출근할 때도 있었다.

비록 당시의 나는 불우한 처지를 한탄했지만, 그렇게 10대 때부터 다양한 일을 경험하면 자기분석을 잘 못하는 사람일지라도 자신의 성향을 자연스레 파악할 수 있게 된다. 따라서 사회에 나설 때 적어도 나는 나의 특기를 써먹을 수 있겠다는 확신이 있었다.

전 세계 60억 명 중의 원 오브 뎀(one of them)이 되는가, 어떤 분야의 온리 원(only one)이 되는가. 그것을 사회에 나오기 전에 어느 정도 판별해두는 것이 중요하다.

천재성은 디테일에 숨어 있다

자신의 개성(천재성)은 가능한 한 세밀하게 파악해둘 필요가 있다.

'나는 구글과 맞을 것 같다'라는 '기업'에 대한 이야기도, '광고업에 맞을지도 모른다'라는 '업종'에 대한 이야기도 아니다. 혹은 '영어 회화가 특기' 같은 '스킬'에 대한 이야기도 아니다.

천재성이란 훨씬 더 세밀하고 깊은 수준에 있는 자신의 강점을 말한다.

사람을 대하는 일에 소질이 있는 사람이 있다고 가정해보자. 사람을 대하는 일을 요소 분해하면 다양한 강점을 발견할 수 있다.

그중에는 상대의 미세한 표정을 놓치지 않는다는 점에서 천재적인 능력을 갖춘 사람도 있을 것이다. 그런 재능을 가지고 있다면 서비스업을 고집할 것이 아니라 FBI 조사관이나 세관 직원이라는 선택지를 고려해도 좋다.

이처럼 **자신의 무기를 세밀하게 파악하고 있을수록 다양한 선택지에 대한 응용력이 생겨난다.**

나는 사고력이라는 무기를 가지고 있고, 그것을 활용한 영역이 M&A 분야다. 주변 사람들로부터 '어째서 지금은 M&A업계에서 일하지 않습니까?'라며 마치 인생의 방향성을 바꾼 사람 취급을 당하면 참으로 난처하다.

사고력은 M&A 이외에 투자나 연구, 창업 분야에서도 활용할 수 있다.

단, 세밀하다는 것은 그만큼 지각하기 어렵다는 말이기도 하다.

그것을 알아차리는 가장 효과적인 방법은 **자신감을 갖는 것**이다. '나에게는 반드시 무언가 장점이 있다'라고 믿는다면 단시간에 그것을 발견하는 것이 가능하다. 하지만 말은 쉬워도 정말 좋은 사람들과 연이 닿지 않는다면 자신감을 갖는 것이 좀처럼 쉬운 일이 아니다.

현실적인 방법을 하나 꼽아보자면 주위의 피드백으로 가늠해보는 것이다. **당신이 평소에 주변 사람들로부터 자주 칭찬을 받고 있는 요소는 틀림없이 천재성의 힌트**가 된다.

'조하리의 창' 이론이 지적하듯 '자신이 모르는 자신의 모습'을 파악하면서 보이지 않는 창(blind self)을 좁혀가면 자신의 강점과 약점이 더욱 부각된다.

독자 중에는 자녀 교육에 참고하기 위해 이 책을 읽고 있는 사람도 있을 것이다. 그런 사람에게는 아이의 일상적인 행동을 주의 깊게 관찰하여 가능한 한 긍정적인 피드백을 주기를 권한다.

아이가 댄스 교실에서 항상 선생님의 칭찬을 받는다고 해서 바로 '무용가로 키워야겠다'라고 판단할 것이 아니라 유연성, 바디, 리듬감 등 댄스의 요소를 분해해보는 것이다. 댄스만으로는 그물이 촘촘하지 못하기 때문이다. 분해한 결과 아이의 천재성이 표현력에 있다는 사실을 깨달았다면 그것을 아이에게 제대로 피드백해준다.

나는 어렸을 때 그림 그리는 것을 좋아했다. 미술대학에 진학해서 디자인이나 예술 관련 일을 하고 싶었다. 나는 스스로 그림을 그릴 때 선을 그리는 것이 강점이라고 생각하고 있었는데 어느 날 아버지에게 "색감을 잘 쓰는구나"라는 이야기를 들었다. '아, 그렇구나. 듣고 보니 그런 것 같네'라는 생각이 들어 그 후로는 색을 칠할 때 이전보다 더욱 의식적으로 색깔을 고르게 되었다.

무수한 종류의 색을 기억했고 미술도구를 늘렸다. 색채가 풍부한 배색은 이윽고 캔버스를 벗어나 내가 창업을 하고 기업의 상태를 가시화하는 서비스에 반영되어 좋은 평가를 받았다.

아버지가 어떤 의도로 그런 말씀을 하셨는지는 알 수 없다. 그 피드백이 옳은 것이었는지도 알 수 없다. 다만 사소한 말 한마디가 내 의식의 방향을 조금 바꾸어놓은 것은 사실이다. 그림 그리는 행위 하나에서도 그 사람의 다양한 강점을 발견할 수 있다.

따라서 다양한 일을 경험해야 하는 것과 같은 이치로 **아이의 어린 시절은 부모의 선입관에 가두지 말고 다양한 것을 경험하게 하는 것이 중요하다**. 그래야 범용적인 무기를 발견할 수 있다.

자신에게 천재성 같은 것은 없다며 포기해버리는 사람도 있지만, 이 세상에 슈퍼맨은 존재하지 않고 존재해서도 안 된다. **인간이란 항상 자신의 소소한 개성을 돋보이게 하여 타인과 함께 나누고 서로 분업함으로써 번영해가는 것을 생존전략으로 하는 생물**이기 때문이다. 돈의 형태가 변하든 돈 자체가 사라지든 그 사실에는 변함이 없다.

따라서 '나는 무엇인가?'에 대한 정의를 찾는 것이 중요하다. 그리고 새롭게 정의한 자신을 넓은 세상과 나눈다. 즉, 자아를 약화시키면서 자기 자신이 외부에 영감을 주는 존재가 되는 것이다.

스페셜한 존재가 되려 하지 말고 **유니크한 존재가 돼라**.

정말로 꿈이 없다, 하고 싶은 일이 없다, 무엇을 해야 좋을지 모르겠다면 일단 지금은 우주비행사를 목표로 하면 된다. 물론 농담이 아니다.

우주비행사가 되는 조건은 모국어를 포함하여 2개 국어에 능통해야 하고 이학부, 공학부 등 자연과학계열을 전공해야 하며 자연과학 분야에서 실무 경험 3년 이상, 이타성과 유연성을 갖춘 원만한 성격, 건강한 심신, 유머가 있어야 하는 등 지구상에 존재하는 다양한 직업 가운데 가장 만능 스펙을 필요로 하는 직업이다. 게다가 2040년에는 우주비행사가 되는 기준이 인구의 1%까지 낮아질 것으로 예측된다.

실제로 우주비행사가 되지는 않겠지만, 지금 당장 하고 싶은 일이 없다면 지구 최고의 하이스펙을 목표로 하라. 그렇게 하면 사회가 어떻게 변화하든 반드시 할 일은 있다. 아무것도 하지 않는 것보다는 훨씬 낫다.

모든 분야에서 '미세 성장'을 즐긴다

우주비행사 같은 만능은 극단적인 이야기라고 쳐도, 다양한 분야에서 미세 성장을 해나가는 인생은 순수하게 즐겁다.

운동에 소질이 있다고 운동 이외의 일에 한계를 설정하면 안 된다. **'뭐든지 할 수 있다', '뭐든지 해보자'라는 자세가 중요**하다.

직업상 영어를 전혀 사용하지 않는 사람이 영어를 공부하는 것에 대해 '불필요하다', '생산성이 나쁘다'라며 비판하는 사람이 있는데, 그것은 완전히 로봇 같은 발상이다. 취미로 언어를 배우는 것은 자유이며, 생산성이라는 맥락에서도 영어 공부를 통해 커리어 선택의 폭이나 회사 이외의 네트워크를 넓히는 것이 가능하기 때문이다. 휴일을 이용하여 외국인 여행자를 위한 가이드를 하면서 사회에 가치를 만들어낼 수도 있다.

지금은 기술이 발전한 덕에 처음 하는 일에서도 성과를 내기 쉬운 환경이 되어가고 있다. 외국어를 배우고 싶다면 스카이프로 수업을 들을 수 있고 동영상 제작에 흥미가 있다면 스마트폰 한 대로 촬영부터 편집, 업로드까지 가능하며 농업에 흥미가 있다면 농가 체험에 참여하는 등 그 방법은 무수히 많다. 지식을 얻고 싶다면 구글에서 논문을 읽을 수도 있다.

결국 **최초에 '하고 싶다'라는 마음이 들었을 때의 진입 장벽이 이전보다 훨씬 낮아지고 있다**는 이야기다.

따라서 흥미가 생기면 닥치는 대로 하면 된다. 다이어트나 근육 트레이닝, 아랍어, 자기계발, 지역부흥, MBA 뭐든 좋다.

참고로 나는 40대 후반이지만 지금 나의 건강을 생각하며 지식과 정보 향상을 위해 의학부에 입학할지, 돈을 사용하지 않는 경제의 효율성을 증명하기 위해 대학원에 돌아가 고등수학을 배울지 고민하고 있다.

무언가 새로운 것을 배우고 싶다는 생각이 들었을 때야말로 공부를 시작할 최적의 타이밍이다. 특히 앞으로는 나이의 경계가 사라지는 에이지리스(ageless) 시대가 될 것이고, '그 나이에 이런 것을 하면 이상하다'라는 사회 통념은 점점 파괴될 것이다.

한번 사회에 발을 내디뎠다고 해도 하나의 레일 위를 달릴 필요는 없다. 사람은 죽을 때까지 공부해야 한다. 빠르고 늦고, 이기고 지고, 성공하고 실패하고 같은 건 없다.

일전에 '중학교 3학년의 30%는 초등학교 4학년의 산수를 이해하지 못한다'라는 기사를 읽은 적이 있는데, 전혀 문제 될 것이 없다. 중학교 3학년의 수업에서 초등학교 4학년 산수를 가르치면 된다. 나이로 학습 항목을 구분하는 것은 구시대적인 발상이다.

다만 모든 면에서 미세 성장을 해나가기 위해서는 시간이 필요하다. 이를 위해 시간 매니지먼트가 필요한 것은 당연한 이야기지만, 여기서 메타 사고를 통해 더욱 깊이 본질을 생각해보면 **'배우는 법을 배우는 것'**이 중요하다는 사실을 깨닫게 된다.

무언가 새로운 것을 습득하거나 혹은 실현하기 위한 '올바른 학습법'은 간단히 말하면 **PDCA(Plan Do Check Action)를 활용하는 능력**이다. PDCA는 취미는 물론 모든 면에서 유용하다. 면역력을 높이기 위한 PDCA도 가능하다. 그렇게 전체상을 그렸으면 조각으로 나누어 해결책을 추론하고 실천한 후, 효과가 있으면 그것을 더욱 깊이 파고든다.

PDCA를 자유자재로 활용할 수 있도록 습관화하는 것이 중요하다.

천재성의 근거가 되는 4가지 영역

21세기에 요구되는 지식, 즉 천재성의 근거는 네 가지로 나눌 수 있다.

- 로직이나 구조화를 주관하는 '수학'
- 자연과의 조화를 주관하는 '과학'

- 커뮤니케이션을 주관하는 '국어'
- 진선미의 추구나 창조를 주관하는 '철학'

세로축이 '수학'와 '과학', 가로축이 '국어'와 '철학'다. 각각 '하늘'과 '땅', '사랑'과 '깨달음'이라고도 표현할 수 있다. 실제로는 네 방향으로 정확하게 나뉘는 것이 아니라 360도로 이루어진 세계다(도표 42).

두 개의 축 중심에 자신의 육체가 있다. 따라서 어느 방향으로든 기술을 연마하려면 그 사람의 활동 시간을 늘리고 컨디션을 높여야 한다. 그를 위해서는 건강과학이 필수다. 운동선수들은 철저하게 육체에 초점을 맞춰 그 천재성을 끄집어내고 있다.

1. 수학

'수학'의 영역은 이해하기 쉽다. 산수나 엔지니어링, 논리성 등 말 그대로 수학의 세계다. 우주 개발이나 AI 등 기술적 이노베이션을 일으키는 사람들은 이 영역이 압도적으로 강하다.

2. 철학

나의 주요 경쟁 무대가 바로 '철학' 영역이다.

도심부의 엘리트들은 대부분 '수학'(로직이나 구조화)에 특화되어 있지만, 그것에 더해 유기화와 재통합이라는 가치 창조 수준에까지 도

도표 42   21세기 지식의 4가지 영역

- 인간은 의식의 초점을 국어·수학·과학·철학이라는 4가지 영역에 맞추어가며 성숙한다
- '나는 순수한 의식체'라는 인식을 갖고 살아간다

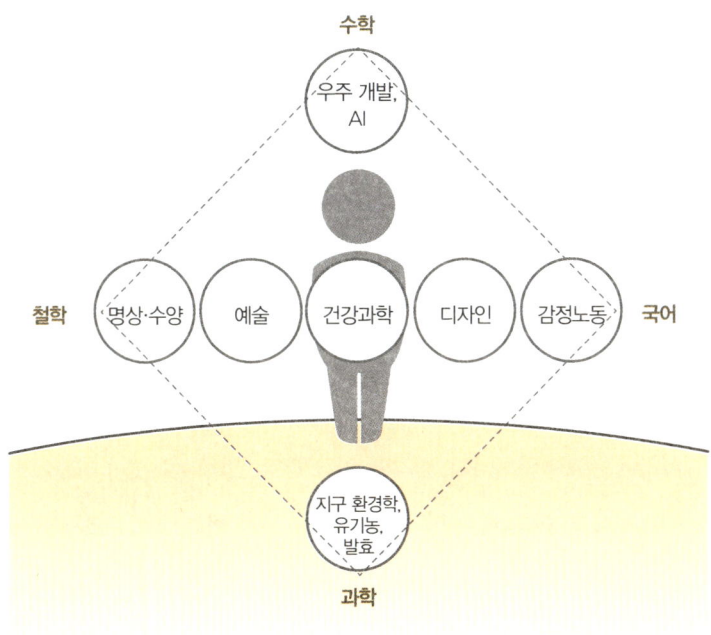

달하는 것이 이상적이다.

이 영역은 영적인 세계도 포함된다. 구체적으로 말하면 종교나 요가, 마인드풀니스다. 예술도 여기에 해당한다. 인간의 이상인 진선미라는 본질을 파악하고 인간을 통해 그것을 투영하는 것을 예술이라고 부른다.

3. 과학

'과학'란 '합리(合理)'의 영역으로, 대지와 함께 살아가는 도(道)의 세계다. 쉽게 이야기하자면 미야자키 하야오의 《바람계곡의 나우시카》 같은 생활 방식이다. 현대에서는 천연소재나 유기농에 신경 쓰는 로하스 계통의 사람이나 휴일에 아웃도어나 원예를 즐기는 사람이 이에 해당한다.

4. 국어

'국어'는 사랑의 세계다. 배우는 영역으로는 업무 이론이나 커뮤니케이션 이론, 커뮤니티 이론, 디자인 사고 등이 있다. 직업으로서는 서비스나 영업 등의 감정노동이나 디자이너, 코치, 작가 등이 있다.

인간은 의식의 초점을 네 가지 방향에 맞추어가며 성숙하는 존재다. 이러한 의식 이론의 관점에서 천재성을 새롭게 정의하자면, **어떤 사**

람의 천재성이란 평소 육체(도표에서 말하자면 중심)로 향하기 쉬운 의식의 중력이 전혀 동요하지 않는 분야를 말한다.

그것이 그 사람의 특기 분야이며 신용의 원천이다.

자기가 자신 있는 영역을 가능한 한 빨리 발견한다. 그것이 앞으로의 사회에서 행복하게 살아가는 첫걸음이 될 것이다.

운 좋게 천재성을 빨리 발견했다면 그것을 향상시키거나 활용할 수 있는 환경을 선택하여 성과를 올린다. 그 결과 신용이 높아지고 자신을 원하는 사람도 많아지면서 커뮤니티 사이를 쉽게 오갈 수 있다. 편해지는 동시에 자유로워진다.

나는 무엇인가? : 개인은 주역이 아니다

지금까지의 세계관은 언제나 '개인'을 전제로 해왔다. 어떤 논의에서든 개인의 성공, 행복, 권리, 개인 대 개인의 거래 등을 당연시했다.

한편 앞으로는 전혀 다른 철학관이 부상한다. '우리는 어디에 아이덴티티를 두어야 하는가'라는 문제가 그것이다. '나란 무엇인가'라는 자의식이 '개인'에서 '개성'과 '개성'을 잇는 타인과의 '관계'로 점차 옮겨가고 있다.

인간은 물질로서의 생물이지만 그것만으로 생명이라고 부를 수 없다. 관계, 즉 개인과 개인의 사이에 존재하는 것이 생명이다.

가령 부모와 아이, 연인 '사이(間)'에 있는 애정이 생명을 키운다. 여기에 개체 같은 것은 의미가 없다. 부모나 연인을 떠올려보자. 떠오르는 것은 상대의 얼굴이나 형태 따위의 조형이 아니라 웃는 얼굴 같은 표정이나 추억일 것이다.

사람은 사람을 보고 있는 것이 아니다. **사람과 사람 사이에 흐르는 의식의 교류, 즉 관계, 추억을 보고 있다.** 그것이 바로 생명이다.

자신이라는 생명을 규정하는 것은 육체를 가진 개체가 아니라 도넛 모양으로 이어지는 작은 둘레다. 그것은 친구, 가족, 사회적 입지이며, 그런 관점에서 생각하면 독립된 개체로서의 윤곽은 조금씩 희미해진다.

16세기에 천문학자 코페르니쿠스가 등장하기 전까지 1,500년이라는 긴 세월 동안 사람들은 '지구의 주위를 태양이 돌고 있다'라고 믿어왔다. 지금은 그 가설을 믿는 사람이 아무도 없지만, 현대에서도 대부분의 사람이 자신이란 육체와 그 주위의 의식의 일부, 즉 '오감이라는 센서가 감지할 수 있는 한정적인 영역'이라고 믿고 있다.

그것은 커다란 착각이다.

진정한 자신이란 '세계', 좁은 의미로는 '환경'을 말한다.

'개인'이라는 단어는 본래 의식의 경계를 편의에 의해 표현한 것에 불과하다. 사는 장소, 만나는 사람들, 집의 상태나 먹는 음식도 모두 자신이며 전부 유기적으로 이어져 있다.

많은 사람이 '자신'이라고 생각하고 있는 것은 그 '결과'다.

하지만 인간이 자신이라는 존재를 사회에서 분리하고 왜소화시키는 것도 어쩌면 당연한 일이다. 현대의 사회시스템이 개인과 그 권리를 중심으로 설계되어 있기 때문이다. 소유의 개념이나 민주주의가 그 전형이다. 돈은 생명이라는 연결고리와 이야기를 표백시키고, 개인과 개인을 단절시켰다. 테크놀로지나 디바이스도 그렇다.

하지만 의식의 초점을 넓히면 자신은 세계의 일부분이 아니라 **세계를 창조하고 있으며 우연히 하나의 개체에 의식을 향하고 있을 뿐이라고 인지하는 것이 가능해진다.** 본래 인간에게는 그런 인지능력이 있다.

자신이라는 정의를 광범위하게 인지하고 '결과'로서의 자신을 만든 '원인'과의 연결고리를 의식할 수 있게 됐을 때, 변화시켜야 할 것은 자신이 아니라 환경이며, 정리해야 할 것은 옷이 아니라 집이며, 고려해야 할 것은 자신이 아니라 눈앞에 있는 타인이라는 사실을 깨닫게 된다. 분명 당신의 인생은 좋은 방향으로 바뀌어갈 것이다.

돈이 사라지는 미래가 온다면 그것은 개인의 경계가 사라진 세계다.

그동안 우리는 개인의 권리나 소유를 전제로 살아왔고 아이덴티티도 그곳에 있었다. 하지만 전제가 '관계야말로 생명의 본질'이라고 변화한 시대에 가치는 연결고리나 이야기 그 자체가 된다.

도표 43 2020년 이후 변화의 핵심

- 20세기, 2020년을 전후로 욕구의 대상은 생존에서 승인으로, 승인에서 자아실현으로 변화하고, 재물(제품)은 '물건'에서 '경험', '관계'로 전환된다

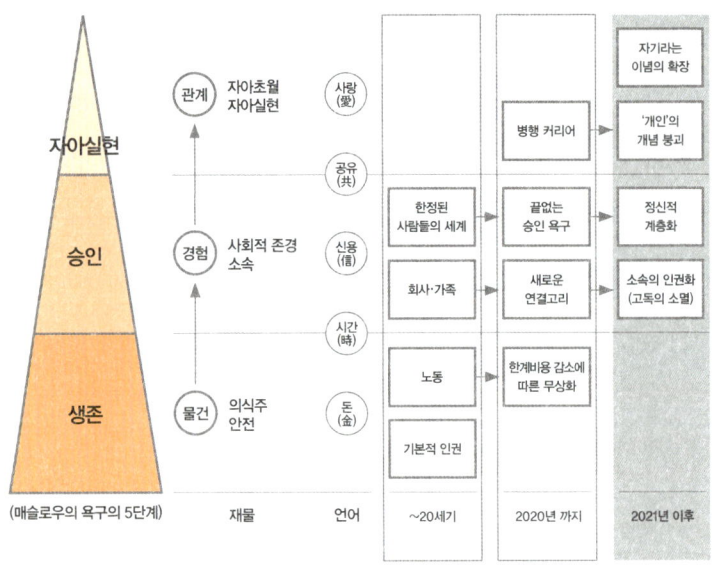

그런 세계에서는 지금의 화폐처럼 숫자로 맥락을 분단하는 툴이 의미를 잃고 소멸한다. 그때가 바로 돈이라는 개념이 사라지는 날이다.

개체에서 생명으로

3장에서는 앞으로, 아니 이미 일어나고 있는 변화의 본질에 대해 이야기했다.

결국, 모든 분야에서 패러다임이 변하게 된다. 한마디로 정리하자면 **무기적인 세계에서 생명이라는 유기적 본질로 회귀하는 것**이다.

개체와 개체 사이에 떠도는 생명이 주역이 된다. 그 주역인 생명을 해치는 요소는 점차 배제되어간다. 돈(숫자)에서 신용으로의 회귀, 맥락 보전의 커뮤니케이션 툴인 기장이나 시간주의 경제의 대두, 획일적인 가치관을 강요하는 동조압력 사회의 붕괴와 생명을 키우는 커뮤니티의 확산, 상품경제에서 관계경제로의 전환 등으로 인해 일의 성질은 인간의 미묘한 감정을 지각하는 것, 사람과 사람의 관계를 양성하기 위한 기회나 툴을 창조하는 것으로 변화한다.

인간은 농밀한 의식의 교류가 건강과 행복의 원천이라는 사실을 재발견하게 될 것이다.

2020년 이후 일어날 변화의 본질은 고독이라는 가장 큰 재해를 방지하기 위한 '소속의 인권화', 멀티 커뮤니티와 관계경제가 중심이 되었을 때 인간은 가치관을 중심으로 연결된다는 '의식의 계층화', 그리고 '개인의 붕괴', 마지막으로 자신이라는 개념이 세계와 커뮤니티에 흡수된다는 '자기의 확장'에 있다(도표 43).

마치며

이 책은 내가 스물두 살 때 쓰기 시작한 '본질사고 이론'이라는 원고를 현대에 맞춰 다시 쓴 것이다. 사고는 내 가치의 원천이다. 사고를 통해 나는 커리어를 쌓았다. 여기서 마지막으로 자기소개를 겸하여 나의 원점을 소개하려고 한다.

사고가로서의 나의 원점은 아버지다. 대기업에 들어가 전공투(전국학생공동투쟁회의, 1960년대 일본의 학생운동단체)의 투사로서 싸우고 40대 후반에 퇴직한 뒤 정밀기기 공장을 운영했던 아버지는 항상 생각하는 사람이었다. 함께 낚시하러 갔을 때도 '인간은 생각하는 갈대다'라는 파스칼의 말을 자주 하시곤 했다. 거대한 우주에 비하면 인간은 작은 갈대에 불과하지만, 인간에게는 우주보다 더 큰 것을 생각할 수 있는 힘이 있다는 의미다.

요즘 AI 위협론을 들을 때마다 나는 그 말을 떠올린다. AI는 계산을 할 뿐이지만 인간은 생각하는 것이 가능하다고 생각하면 어쩐지 용기가 생긴다.

아버지는 '공부해라'라든가 '좋은 성적을 내라'라는 말 대신 '항상 생각해라'라고 말씀하셨다. 그래서 공부는 제대로 하지 않았다.

돈이 없었던 것인지 단순히 방침이었는지 모르겠지만 우리 집에는 용돈은 물론이거니와 게임기도 없었다. 다만 컴퓨터는 있었기 때문에 우리 형제들은 스스로 프로그래밍을 배우고 오리지널 게임을 만들었다.

우리 가족에게 기본적인 부양의무는 15세까지로 여겨졌기 때문에 고교 시절 나는 아르바이트와 동아리 활동의 양립에 전념했다. 쉽게 말하면 '스스로 창조하라'라는 교육방침이었다.

내가 자란 가나가와현의 중심 지역은 불량 학생과 등교거부 학생, 평범한 학생이 3분의 1씩 차지했다. 당시에는 그런 환경을 당연하게 받아들였다. 화장실 문이 없어도, 수도꼭지가 전부 휘어 있어도, 교감 선생님의 승용차가 밭에 버려져 있어도 '그렇구나' 하고 말았다. 그야말로 영화 〈매드맥스〉나 〈북두의 권〉의 세계였다.

당시 나는 선생님과 불량 학생과 등교거부 학생을 잇는 다리 역할을 하고 있었다. 아침마다 야쿠르트 아주머니와 함께 등교거부 학생의 집을 돌며 등교를 재촉했고 수학여행에 가서는 밤새도록 불량 학생들의 마작 상대가 되어주었다. 점수를 계산할 수 있는 사람이 나뿐이었기 때문이다.

어머니는 적극적인 성격으로, 내가 중학생 때 대학에 진학하셨고 졸업 후에는 일본어 교사로 뉴질랜드에 부임하셨다. 어머니 홀로 떠나셨기 때문에 쓰레기 당번이나 가사는 당연히 남겨진 우리들의 몫이 되었다.

가족을 남기고 해외로 떠나버린 자유분방한 어머니, 미래가 보이지 않는 답답한 지방 도시에 남겨진 나는 고등학교를 졸업한 뒤 낚시에 빠져 날마다 유유자적 세월을 보내고 있었다. 동창들은 동네에서 하나둘 자리를 잡아가기 시작했고 나의 인간관계는 부족함이 없었다.

내 인생의 전환기가 된 것은 대학 진학이었다. 아버지의 친구분이 도쿄에서 입시학원 강사를 하고 있었는데, 수업료도 받지 않고 나를 입학시켜주었다. 그렇게 나는 본격적으로 수험 공부라는 것을 하게 되었고 대학에 입학할 수 있었다.

대학에서는 요령과 인간관계를 배웠고, 눈앞의 세계는 점차 넓어졌다. 인간은 환경의 노예라는 사실을 이 시기에 깨달았다.

도쿄에서 내가 살던 집은 월세 30만 원, 2평 남짓한 크기에 화장실과 현관은 공동으로 사용하는 곳이었다. 말하자면 셰어하우스의 선두주자였다. 룸메이트의 대부분은 외국인이었고, 현관에 구두를 벗어둔 사람은 나뿐이었다. 건물 옆 주차장 요금이 한 달에 35만 원이었는데, '나는 주차된 차보다 저렴한 사람인가'라는 생각을 하곤 했다.

아버지가 그토록 싫어하시던 자본주의의 길을 따라 걸어오긴 했지만, 학자금을 갚기 위해서는 어쩔 수 없는 선택이었다. 돈은 없었지만 행복했다.

행복이란 물량이 아니라 일체성이다. 타인과 마음이 통할 때 혹은 기대와 실제가 일치하고 있을 때 인간은 행복을 느낀다. 싸고 비좁은 2평 남짓한 방이었지만 나의 기대는 그 이하였다는 이야기다.

지금은 노력을 통해 성과를 높이는 능력보다는 최소한의 힘을 가지고 효율적으로 성과를 높이는 '가성비 능력'이 요구되는 시대다. 그리고 조금 더 지나면 노력도 가성비도 의식하지 않고 지금 가진 것으로 만족하는 '기대치 컨트롤 능력'이 주류인 시대가 된다.

그를 위해서라도 SNS를 그만둬야 한다. 누군가 인간의 불행에는 두 종류가 있다고 말했다. 하나는 '자신에게 일어나는 불행'이고 다른 하나는 '타인에게 일어나는 행복'이다. SNS는 두 번째의 불행을 불러일으킨다.

파스칼의 말처럼 생각하는 것은 인간만 할 수 있는 행위이며 오랜 세월 지속되어온 작업이기도 하다. 이 책을 통해 그것이 조금이나마 전달될 수 있다면 더 바랄 것이 없다.

미래를 어떻게 디자인하는가.

그것은 당신의 생각에 달렸다.

야마구치 요헤이